すべてはあなた

多層量子場を使って人生をシフトさせる！

光一 著

ナチュラルスピリット

「ありようを変えると、見える世界が変わる」——推薦の言葉

医療法人社団丸山アレルギークリニック理事長
『クスリ絵』シリーズ著者
丸山修寛

ここに書かれていることはすごい。

この時代、この時期にこの本が出たことは奇跡である。最初にこの本を読んだとき、「これは治療に使える」と思った。医師という職業柄、どうしても治療に使えるかどうかの判断が先行する。ここに書かれていることを実行するだけで症状が消え、病気が軽快する。というのは、これらが病気の本当の原因（潜在意識のエネルギー）にアプローチする方法であるからだ。実際、本にある方法を使うと、患者さんのめまい、頭痛、腰痛が数分で消えた。アトピーの人はかゆみが瞬時に消え、花粉症の人は鼻が通った。このようなすばやい変化が起きる場合は量子場が関与している。

この本はスピリチュアルな本のように見えるが、実際は量子物理学と意識科学に根ざし

た方法が示されている。著者がスピリチュアル実用主義というように、極めて実用的な本である。そして内容の斬新さには目を見張るものがある。

世界は潜在意識のエネルギーが形となったものである。

潜在意識とは量子場である。量子場は、7つのレベルの層からなる多層量子場である。多層量子場は、身体の内側の奥深いところへ広がっているだけでなく、身体の外側へも広がっている。これは、私たちがただの場（空間）だと思っているものは、潜在意識にとって多層量子場という自分自身であるということだ。意図的に場（空間）を使ってエネルギーワークをすることは、潜在意識（多層量子場）そのものにワークするのと同じ意味合いになる。結果として、潜在意識（量子場）は変容し、源を直接体験する。一方、私たちはというと、シフトが起こり、ボックスが広がり、とらわれを超えていき、体験する世界が変わる。

この本にある「なほひかへ」と「8《エイト》レベルシフトテクニック」を実際にやってみた。

「8レベルシフトテクニック」の7つの同心円を地面（外側）に描くと、自分の内側にも同じ7つの同心円が現れた。まさに「外は内なり、内は外なり」である。そして「なほひかへ」

をしていくと、これらの7つの同心円は量子場の中で、上下逆の立体的な2つの円錐となった。この2つの円錐は回転しながら重なっていき、最終的にはひとつになった。身体の内外を気持ちの良い風が吹き、心身ともに軽くなる。これって時空間や次元が変わったせいかもしれない。私個人は、「変換、変換、かへ、かへ」というのが病みつきになるほど楽しい。

早朝に行ったせいか、久しぶりに清々しさを感じた。

こんなとき、潜在意識は源を直接体験しているんだなぁと思った。

初めて「8レベルシフトテクニック」を行った後、突然、鏡のイメージが現れた。鏡には7つの同心円が描かれている。鏡はひどく汚れていて、鏡をのぞき込んでいる自分の顔すらはっきりと判別できない。そこで、鏡の中心から外側の円に向かって丁寧に拭いていく。完全に綺麗になった鏡を見ると、自分の顔がはっきりと見える。自分ってこんな顔をしていたんだっけ、なんて思ったりもする。鏡には自分の顔以外に、背景の景色も映り込んでいた。鏡の角度を変えると、そのたびに映り込んでくるものが変わって面白い。鏡に夢中になっていると、突然こんな声が聞こえた。「鏡を通して世界を見ることは、限られた世界を見ることだ。それに鏡に映っているのは、奥行きのない鏡像であり虚像である。一度、鏡を置いてみたらどうだろう」

声に従って鏡を置くと、そこに境界のない景色（世界）が見えた。認識できる世界が広がった感じがした。これってありようを変えると、見える世界が変わるってことを示しているのかな、と思った。それ以外にも気づいたことがある。

鏡を使っていたとき、そこには自分の顔の一部または全部が常に映り込んでいた。そのため、個人が過度に強調されていた。ところが鏡を使わない今、自分の顔が見えなくなった。すると、個人という意識が薄れ、目の前に広がる景色と、世界と自分がひとつになった。すべては自分、すべては意識だというのは、こういうことだろうか。

書かれていることは内容がすごく深いわりに、とても読みやすくハートにスーッと入ってくる。I《アイ》メッセージを使って書かれているせいか、それとも著者が入れたエネルギーのせいなのか、文章の表現に愛と柔らかさを感じる。

はじめに

私たちの世界は今、混迷の真っただ中にあります。新型コロナウイルス感染症というまったく新しい病が世界に蔓延したことに伴い、一時は都市や交通機関が封鎖され、誰もが生活様式の変更を余儀なくされました。ほかにも、諸外国での紛争、政治的緊張の高まり、厳しさを増し続ける経済情勢、食糧やエネルギー問題、気候変動に関する懸念など……挙げればきりがないだけでなく、どれも先が見えず、予測のしにくいことばかりです。毎日、刻々とメディアから入ってくる情報は、いったい私たちの日常生活はこれからどうなってしまうのだろうという不安をあおり、私たちを揺さぶり続けます。

折しも西洋占星術では、今は2千年に一度の大変革のときにあたり、時代が大きく変化するといわれてきました。もともとは2020年ごろにその兆しがあるとささやかれていたのですが、時代の変革はもちろん1年ぴったりで終わるというものでもありません。2020年あたりがその始まりだとし、5、6年程度の期間があると仮定すると、まさに今がその大変革中ではないかと私は感じています。ということは、これからもっといろいろな出来事が起こってくる可能性すらあるのです。

そんな中、あなたは何を選び、どんな人生を歩みますか？　どう生きたいですか？

混迷に陥るのか、それとも混迷の状態を使い、越えていくのか。ネガティブなことを越えるとはつまり、成長するということです。私が常々お伝えしていることですが、「起こったことをまず受け入れる」と、私たちは成長していけます。そして、成長することを選ぶのか、あるいは選ばないのか、それを決める力もあなたにはあるのです。

冒頭で「私たちの世界は」混迷の真っただ中にあり、不安をあおってくると言いましたが、実は正確にはそうではありません。私たち一人ひとりが見ている世界は、それぞれまったく違います。あなたの世界はあなたにしか見えず、あなたにしか体験できないものです。そして、あなた次第で幸せに満ちた素晴らしい世界になっていくかもしれないし、反対にますますネガティブな出来事が現れることだってあり得ます。すべては自分なのです。

そこで、「あなたには、今あなたが生きている世界を変える力がある」と言ったら、あなたはどう思いますか？　あなたの深い部分に働きかけることで、自分の人生だけでなくこの世界が、ひいては地球が良くなっていくと言ったら、あなたには信じられますか？

これから先、あなたがどこへ向かうのか、何を選んで、どういう人生を歩むのか——答えはすべてあなた自身の中にあります。**すべてはあなた**だからです。

私たちはこの世界で肉体を持ち、周りの出来事を認識しています。認識しているということは、今ここにすべてのチャンスがあるという意味でもあるのです。

かねてより私は「スピリチュアル実用主義」を主張しています。結果の出ないスピリチュアルはただのファンタジーだと言い続けているのですが、それは人生に活かせてこそのスピリチュアリティだし、スピリチュアリティとは自分が幸せに生きるためのヒントであり、ツールだと思っているからです。

今、展開しつつある世の中の情勢に、あるいは私たち一人ひとりが送る日常生活のさまざまな出来事に、決して絶望してほしくないと私は思っています。世界があるからあなたがいるのではありません。あなたがいるから世界があるのです。あなたが成長するとき、世界も成長していきます。

そして、稀有な時代だからこそ、私たちはさらに成長していけます。これからそのための方法をお伝えしましょう。

いついかなるときでも、あなたは大丈夫です。

目次

第2章 「8レベルシフトテクニック」の実践……53

第4章　世界の調和に貢献し得る縄文マインド……153

第1章

あなたの意識が世界を創っている

人はそれぞれ「自分の世界」を生きている

あなたが見ている世界や体験している世界は、あなたが創っています。そんなこと言ったって、世の中に起きている事件や報道されているニュースは誰もが受け取っているし、同じ世界じゃないか、とあなたは思うかもしれません。

けれども、ひとつの出来事に対する反応や考えは人それぞれです。たとえば、あなたがオフィスで仕事をしているとき、大きな声で挨拶しながら営業の人が入ってきたとします。それを見て「快活で感じのいい人だな。親しみやすそうだし、きっと売り上げもいいんだろうな」と思う人もいれば、「静かなオフィスに、あんな大声でいきなり入ってくるのは非常識！　誰かが打ち合わせ中だったり、電話中だったりしたらどうするつもりなんだろう」と気を悪くする人もいるかもしれません。たったひとつの出来事に対しても、人の受け止め方は千差万別です。

これは、日常の些細なことがらに限らず、もっと大きな出来事や、世界情勢や事件などの情報に対しても同じです。何が起きても大して気に留めない人もいるでしょうし、すべてを真っ向から受け止め、自分の生活はどうなってしまうんだろう、自分の子どもたちのこれからの人生はどうなっていくんだろう、あんなことも起こるかもしれない、こんなこともやってくるかもしれないと、まだ起こってもいない、悲観的な展開の可能性ばかりを考え始めてしまう人も少なからずいるでしょう。中には意図的なのかどうかはさておき、まったくニュースを見ないためにそうした情報が一切インプットされない人、つまり「そういうニュースが存在しない世界」に生きている人たちもいるはずです。

このように、あなたの世界は、あなたが見ているものや、それをあなたがどうとらえるか次第でどんな世界にもなるわけです。「すべては意識」なので、あなたが延々と悲観的な考え方を抱き続ければ、あなたの意識によって、あなたの世界には悲観的な出来事ばかりが現れるようになってしまうかもしれません。では、「すべては意識」とはいったいどういうことなのでしょう？

意識の構造と、「すべては意識」ということ

あまりにも有名な意識構造の説明に、氷山の絵を用いたものがあります。ご覧になった

ことがある方もたくさんいるでしょう。そもそも氷山とは、「氷山の一角にすぎない」という言い回しがあるように、海面から見える部分は巨大な氷山全体のわずか先端程度で、水面下に隠れて見えない本体部分がはるかに大きな割合を占めています。この比率が私たちの意識の構造にも当てはまるため、氷山がよくたとえに出されているのです。

氷山の見えている部分にあたるのが、私たちの「顕在意識」です。私たちは、この小さな部分である顕在意識によって日々の体験を認識しています。顕在意識の奥にあるのが「潜在意識」、つまり氷山でいえば海中に沈んでいる大きな部分で、私たちの体験するものごとや世界を左右しています。海中に沈んでいるこの部分は「個人的潜在意識」、あるいは「個人的無意識」とも呼ばれます。さらに、氷山が浮かんでいる海にあたる部分は「集合的無意識」、もしくは「集合的潜在意識」といわれます。

顕在意識が体験している出来事に対して嬉しいとかつらいなどと意味づけをしたり、気づきを生み出したりしているわけですが、これは何らかのエネルギーにおいて認識しているはずだと私は考えています。このエネルギーは、いったいどこから来ているのでしょう?

私は、この世界にはすべての「原因」たるオリジナルの意識、すなわちまだ意味づけされていないエネルギーの基がどこかにあると仮定していて、19ページの図「氷山でたとえる顕在意識と潜在意識」の場合では、海のはるか底にあるように示しています。

●氷山でたとえる顕在意識と潜在意識

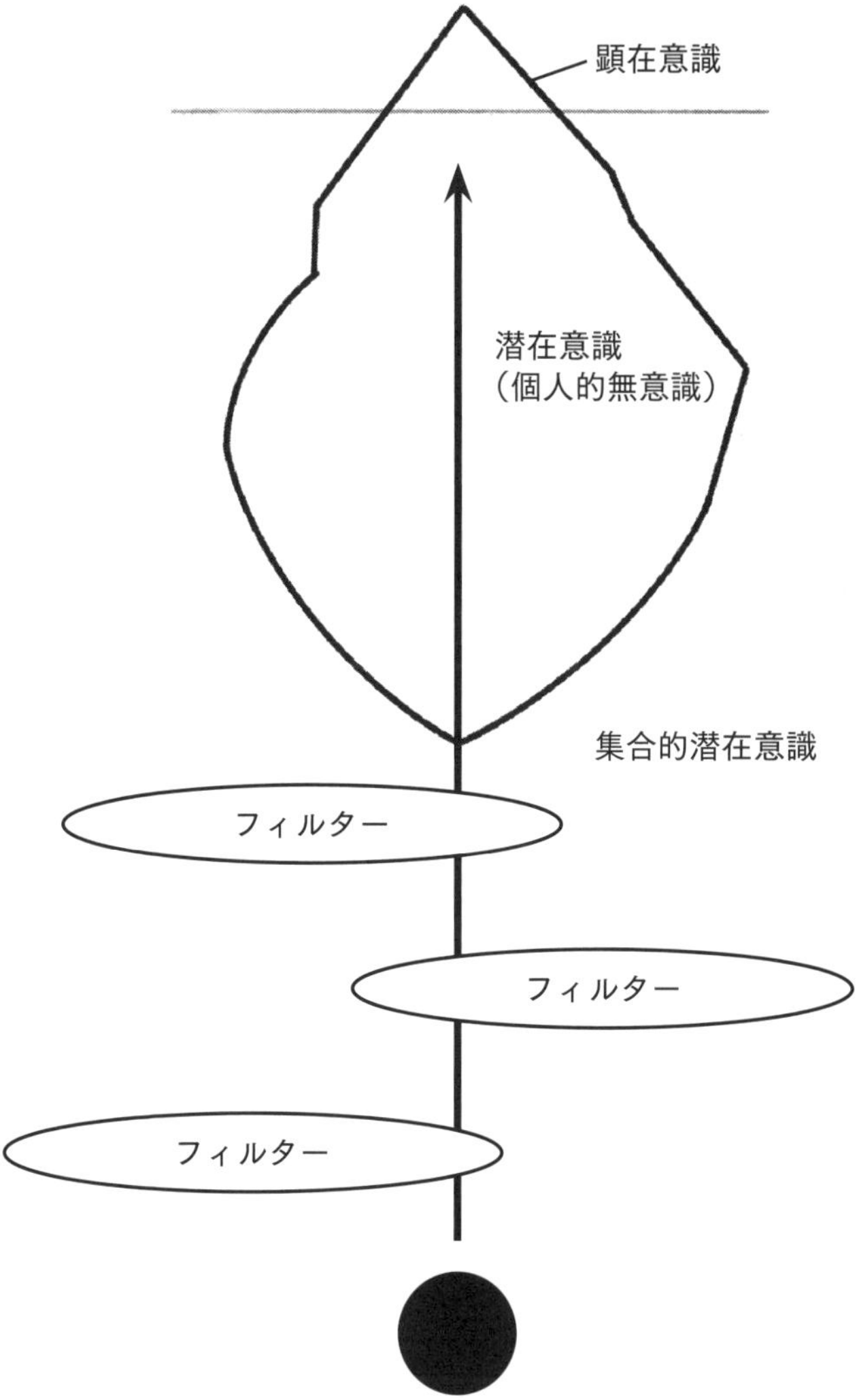

この意味づけされていない純粋な意識に近い場は、とても抽象的なエネルギーを持っていて、氷山という個人の意識へ上がってくる過程でさまざまなエネルギーパターンを通って認識されていきます。このエネルギーパターンはフィルターと呼んでもいいですし、思考パターン、もしくは心理体験とも呼べるでしょう。

たとえば、集合的潜在意識の領域に「地球人」というエネルギーパターンのフィルターがあり、そこを通ったエネルギーによって私たちは自分が地球人だと認識するわけです。海面へと上昇するにつれて、集合的潜在意識はさまざまなフィルターを通ってさらに具体化・細分化されていきます。地球人のフィルターを経て、日本人のフィルター、東京都在住者のフィルター、○○区民のフィルターなどへ至るわけです。ここまでが集合的潜在意識の領域にあたります。

さらに具体化されて自分の「名前」というフィルターまで来ると、その先は個人的潜在意識の領域に入っていきます。これは氷山そのものの部分です。この個人的な領域の中でより抽象的なフィルターといえば、男性・女性というエネルギーパターンです。男性というエネルギーパターンを通れば、その人は男性として体験・認識していきます。フィルターが個人の名前まで来ると、「私はこういう人間だ」ということがはっきり具体化された体験として現れてくるわけです。

私たち一人ひとりの潜在意識領域には、さまざまなエネルギーパターンが存在します。私たちはそれぞれ生まれも育ちも家族構成も、育った地域や年代も異なるため、一人ひとりが独自に持つ一連のエネルギーパターンを通して個々の現実を認識・体験しているというのが私の考え方です。

したがって、あなたの潜在意識下にある抽象的なエネルギーパターンを変えれば、それをフィルターとして通って顕在化してくるあなたの人生や、あなたが見ている世界が変わってきます。

その一方で、集合的潜在意識を変えるのはかなり難しいことです。図でいえば海にあたる集合的潜在意識は、あなただけでなく、ほかの無数の人たちに共通の潜在意識だからです。

あなた自身である氷山の方を変えていくのは相対的に易しいはずですから、まずは自分自身を変えていきましょう。「あなたが良くなれば世界が良くなる」というのは、海に浮かぶ氷山であるあなたという氷が汚れていたら、それが溶け出す海も汚れてしまうという言い方をすればわかりやすいかもしれません。あなたという氷山がきれいになれば、そこから海へ広がる水もおのずときれいなものになり、海も次第にきれいになっていくでしょう。こうした論理から、自分自身が整えば集合意識も整ってくるだろうと私は考えているわけです。

けれど、個人的潜在意識を変えれば人生が変わるといっても、実際に人生が変わった人はそんなに多くはありません。いったいなぜでしょうか？　それは、私たちの大多数が自分の潜在意識の変え方を知らないか、意識がどういう構造になっているのか正確に理解していないからです。ある意味、うわべだけで潜在意識を変えるテクニックを施しているという可能性もあります。だからいつまでたっても結果が出ないのです。自分の潜在意識を変えていくテクニックについては、もう少し後で説明しましょう。

あなたの「認識」が生まれるところ

さて、ここでもうひとつ気になることが出てきます。あなたの「認識」はどこから来ているのでしょうか。

「認識する」という行為は、あなたひとりだけが存在していてもできません。易経でいうところの陰陽のように、「光がある」という事実は「闇」が存在しないと認識できません。相対するものがあって初めて認識可能になります。そして、陰と陽どちらか一方だけでは存在できないのです。そして、相対するものすべては「絶対」、すなわち一切意味づけされていない「純粋な場」から生まれています。

純粋な場というものがあると仮定すれば、それがエネルギーの源ではないかと私は思っています。そして、純粋な場は、「空《くう》」であるとか「タオ」であるとか、地域によってさまざまな呼び方をされてきたものではないでしょうか。ただ、どのようなものであっても、いったん名前をつけてしまえば、それは特定の名前を持った「何か」になってしまいます。とはいえ、呼び名がないと説明しにくいので、本書では仮に〈源〉としておきましょう。

純粋な場にあるエネルギーは〈源〉のエネルギーですから、意味はありません。ただ「ある」だけです。これが、氷山のたとえであれば海面下に隠れた氷山本体の下、はるか海の底にあたるわけです。意味づけされていない純粋なエネルギーは潜在したままで、まだ世界に現れていません。これが私たち一人ひとりのフィルター（エネルギーパターン）を通して浮かび上がり、やがて認識可能な現実世界に出てくるわけです。

同じ〈源〉からやってきたものであっても、私たち一人ひとりの世界に違った状態で見えたり現れたりするのは、私たちそれぞれが持つフィルターの影響です。だからこそ、本章の冒頭で例に出した営業の方の登場も、人によってどう受け止めるかが変わってきます。

あなたが何か困難なことやネガティブなことに遭遇したとき、そうした状況を変えたければ、あなた自身を変えるのだというのは、こうした意識の仕組みがあるからです。まずあなたが持っている認識のフィルターを変えます。すると、あなたの世界に現れる現実が変わり、結果的にあなたの人生は変わっていくのです。

これらのフィルターの中には輪廻転生から来たものも含まれています。輪廻転生していくということは、いろいろな意味づけやエネルギーパターンをたくさん重ねていくということなので、あなたの過去世の影響が現在のあなたの人生にも出てくるというわけです。

〈源〉のエネルギーは、どこか特定の場所だけに存在するのではありません。どこかにあるものだと特定してしまうと、〈源〉は〈源〉ではなくなってしまいます。「上の如く、下も然り」とは、昔から秘教的な教えの中で使われてきた言葉ですが、まさに上も下もないのです。

内は外なり、外は内なり

「上の如く、下も然り」には続きがあります。「内の如く、外も然り」です。上も下も、内も外もなく、すべてはひとつだということです。

また、外なる世界、つまり今あなたが見ている世界はあなたの内面が現れたものである一方、あなたの内面は外なる世界に影響を受けているということでもあります。「内」をあなたの潜在意識、「外」をあなたの体験と言ってもいいでしょう。

この考え方に基づくと、あなたが自分自身の内面を整えれば、あなたが体験している世界が整っていくことに貢献できるでしょうし、逆にあなたが見ている世界や置かれている環境を使って自分の内面を整えていくこともできるわけです。

先に説明した意識の構造に基づいて、まだ世界に顕在化していないエネルギーである潜在意識の領域にアプローチしていきます。そうすると、驚くような奇跡が起きたりすることもあるのです。

私のワークショップに出席してくださった方の中には、ワークショップ後の出来事を報告してくださる方が多いのですが、こんな話が私のところへ届きました。

私の講座をあれこれ受講してくださっているAさんのエピソードです。ご家族を介護施設に入れる必要が出てきたとのことで、Aさんが施設を探したところ、良さそうなところが見つかりました。ところがその施設はとても人気で、入居は順番待ちだったそうです。

しかも、Ａさんの申し込みの前には１００人ほどが待っていました。そうなると当然、自分には順番が回ってこないに決まっているとか、施設に入れてあげられなかったらどうしようとか、さまざまな思い込みがストレスになり、Ａさんの気持ちはどんどんネガティブになっていきます。

Ａさんが施設へ申し込みをした段階で長い順番待ちがあるということを聞いていたので、私は「そのストレスを感じているのは誰ですか？　まず、そのエネルギーを変えてみたらどうですか」と提案してみました。Ａさんは「光一さんは何を言ってるんだ。そんなことで何か変わるのか」と半ば疑いながらも、**自分に対して**テクニックを使ってみたそうです。するとテクニックを試してからそうたたないうちに、希望していたその施設からＡさんに電話があり、「ご家族を入居させられるので、手続きに来てください」と言われたとのこと。あまりの急展開に、いったい何が起こったのか、Ａさんはすぐに実感できなかったそうです。

こんな話もありました。東京で開催したワークショップに、地方から来てくださったＢさんという方の体験です。かなり遠方からお越しになったのですが、Ｂさんの後日談もまさに奇跡としか言いようがありません。

私のワークショップについて知ったときは興味があったものの、日程や交通費などについて悩み、Bさんはなかなか参加には踏み切れなかったそうです。けれども別の機会に私のワークショップの告知を見た際には一念発起し、Bさんは参加を決めました。

それまでBさんは、お子さんの家庭内暴力に長年悩んでいらしたそうです。暴力が止まらず、親子関係は良くならない。Bさんが物理的に家を出て、避難せざるを得ないことも頻繁にあったそうです。

ワークショップ参加後、自宅へ帰ったBさんは習ったばかりのエネルギーワークを**自分に対して**実践してみました。けれども再び家庭内暴力が起こり、Bさんはいつものように家を出て、自分の車へ避難したのです。さて、そんなBさんに何があったでしょうか。

なんと、暴力を振るっていたお子さんが、初めてBさんを追いかけてきたではありませんか。もうこれはだめだ、さらに殴られる、とBさんの恐怖はピークに達します。しかし、お子さんが追いかけてきたのはBさんに謝るためだったのです。

お子さんに「今まで本当にごめんなさい」と出し抜けに謝られ、「これからは親孝行するから」と言われ、いったい何が起きているのか、Bさんはにわかに理解できなかったそうです。それは当然のことだと思います。

けれど、これは「Bさんの世界」に実際に起こった出来事です。それからというもの、

Bさんがお子さんから暴力を受けることは一切なくなりました。家に引きこもって暴力を振るっていたBさんのお子さんは引きこもりをやめてアルバイトを始め、初めてのバイト代でBさんにプレゼントを買ってくれたそうです。その後、Bさんのお子さんは職にも就き、今度は初月給でBさんにお寿司をご馳走してくれさえしました。

ここまでの出来事は、Bさんがワークショップに出てから1年もたたないうちにすべてBさんの身に起こったのです。これをいったいどう説明しますか？

AさんもBさんも、悩みを抱いている相手に対しては何の働きかけもしていません。ただ**自分のエネルギーを変える**テクニックを使っただけです。私たちは、無意識に抱いている思い込みのフィルターを通して、自分の人生を体験しています。ですから、そのフィルターを超えていけば、このように私たちの体験が変わり得るのです。もちろん、いつ誰に対してもこんな素晴らしい奇跡を起こすということは難しいでしょうが、あなた自身が自分の「内」を整えていけば、あなたの「外」が変わる可能性は十分にあります。では、どうやったら自分の「内」を整え、思い込みのフィルターを超えていけるのでしょう？

潜在意識を書き換えるテクニック、「なほひふり」

先ほど、潜在意識の構造について、氷山のたとえを使って説明しました。自分という固体の氷山からはるか離れた海底に、ぼんやりと抽象的なエネルギーがあります。そこから数々のフィルターを通して、抽象的なエネルギーがどんどん形を成してこの世界に現れるべく具体化していくわけです。あなたが認識していることは、あなたの潜在意識エネルギー（原因）の現れであり、それをあなたは世界の出来事（結果）として体験しているのだと言い換えることもできます。そこで、具体的な形を持つ前の潜在意識の状態（原因）を書き換えてしまえば、やがてこの世界に登場する出来事（結果）が変わってくるという仕組みになっているのです。

たとえば、「人生とは修行することによって自分を成長させるものだ」と潜在意識のどこかで思い込んでいる人は、何をしても苦労が伴い、「なんで自分の人生はいつもこんなにつらいんだ。こんなにつらい人生なんていやだ」と苦しんでいるかもしれません。けれど、「人生とは楽しいもので、自分は楽しい思いをしながら成長していける」と潜在意識に教え込んでしまえば、これまでに起こったことのないような素敵な出来事がその人の人生に現れてくる可能性が大いにあるのです。

ただし、潜在意識の深いところへ行けば行くほど、数々のフィルターを通る前のエネルギーということになりますから、意味合いはぼんやりとしていて、「楽しい思い」というのがどんな出来事なのか、具体的には指定できません。しかし、そうした潜在意識の深い部分に働きかければ、これまで想像したこともなかったけれど、その人にとって楽しいと思えるような出来事が起こってくるでしょう。

これを可能にするのが、私がこれまでに開発した「なほひふり」というテクニックです。既刊『きめればすべてうまくいく』（ナチュラルスピリット）には「なほひふり」の詳しい手順のほか、私たちが普段、意識したことがなかったけれども、自分の潜在意識のどこかに入り込んでいるかもしれない思い込みにさまざまな角度からアプローチするための「88の例文」が掲載されています。

この「なほひふり」で必ず行うセットアップというプロセスでは、自分の潜在意識を書き換えていくにあたり、これまで自分が持っていた思い込みや自分の状態を認め、これから先の新しい選択をするための宣言をします。先ほど挙げた例に沿ってセットアップの文章を作るとすれば、**「私は、人生は修行することで成長すると思っています。けれども、私は楽しい思いをしながら成長していくことを選びます」**という感じです。あるいは、自分のことを好きになれない人がそんな自分を変えるために「私は自分のことが嫌いです。けれども、私は自分のことを好きになろうと思います」と宣言して潜在意識を書き換える例の方がわかりやすいかもしれません。

ところで、「なほひふり」のセットアップに使うこれらの文章が**陰陽の関係**になっていることにお気づきですか？　私がしつこいほど話していることの中には、「この世界は陰陽で成り立っている」というものがありますが、私たちの思考もやはり陰陽で成り立っているのです。**「自分はこうなりたい」という思いの裏には、必ずその反対のエネルギーがあります。**「反対のエネルギー」を自分が持っていると認めることで、エネルギーを動かそうとしているわけです。

自分が望む状態の反対のエネルギーは、「自分は必ず苦労しなければならない」だったり、「自分のことが嫌い」だったり、私たちが受け入れたくないような思考であることがほとんどですが、それを認めて受け入れることで、エネルギーが柔らかくなって動かしやすくなります。それから自分が目指す状態のエネルギーに書き換えることで、効果が出やすくなっているわけです。

「なほひふり」は、ネガティブな出来事があなたの身に起こったことにより自分が抱いていた何らかの思い込みに気づいたとき、その特定のことのみに対して行ってもいいですが、

「88の例文」であらゆる角度から自分の潜在意識を整えると自分が整い、自分のボックスを広げたり、シフトしやすくなったりすると思います。この「ボックス」や「シフト」とは何でしょうか？

ボックスの構造で生きる私たち

「私たちはボックスの中にいる」という言い方を、私はよくしています。ボックスの考え方については何度かお話ししていますので、聞いたことがある方もいらっしゃるかもしれませんが、この世界の構造と、私たち一人ひとりがこの構造の中で幸せを生きていくためには改めて知っておいていただきたいので、ここで簡単に説明しましょう。

私たちはそれぞれ自分のボックスの中で生きています。これは目に見えない箱庭のようなもので、四方に壁があり、あなたの世界の範囲はその中に限られています。

一人ひとりのボックスの大きさは異なりますが、みな自分が箱の中で生きていることを知らず、ときどき「壁」にぶつかっては方向を変えて歩き続けているのです。壁に囲まれているので動き回る範囲は変わらず、トラブルに遭遇しやすかったり、同じような問題に何度も行き当たったりします。

この状態を変えるためには、あなたは自分がいるボックスを広げる必要があるわけですが、どうやったらボックスは広がるでしょう？

実は、あなたが自分の持っているパターンに気づいたときが、ボックスを広げるチャンスです。そして、パターンに気づくときというのは、たいてい自分の身に何かネガティブ

●成長するにつれ広がるボックス

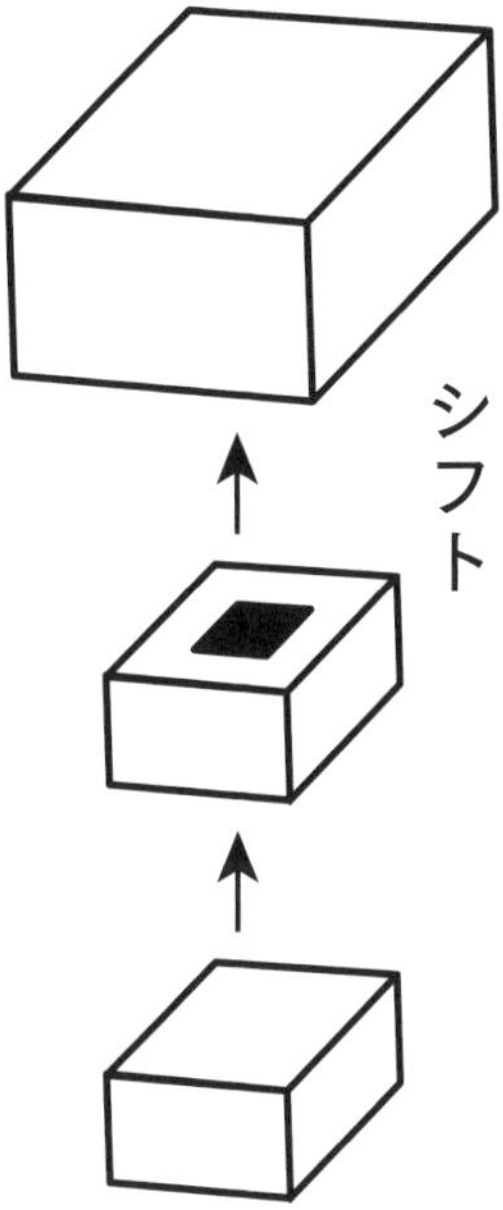

な出来事が起こったときなのです。ネガティブな出来事と、それに対する自分の感情に気づいたあなたが自分に対してエネルギーワークを行い、自分の思考パターンや信念体系を変えると、まるであなたがいたボックスの壁に穴が開いて視野が広がったかのように、それまで気づかなかった新たな世界が見えるでしょう。これをきっかけとして、あなたのボックスは広がるだけでなく、それまでより高い位置からものごとを見渡せるようにもなるはずです。これはボックスが広がったともいえるし、シフトしたとも、成長したともいえます（33ページの図「成長するにつれ広がるボックス」参照）。

ただし、どれだけあなたが成長しても、あなたはつねにボックスの中にいます。ボックスの壁を取り去ることはできません。箱庭のようだったあなたのボックスが公園の大きさに、グラウンドのサイズに、はては銀河系の規模にまで広がったとしても、ボックスは存在し続けます。相対で成り立っているあなたの世界は、あなたがいるからこそ存在するので、あなたがいるから世界は認識されています。ボックスの壁がなくなってしまうと、世界は消え、あなたは自分を認識できなくなってしまうのです。

シフトとは成長のもうひとつの形

私は、個人の成長というのはさまざまなとらえ方ができると考えています。先ほどのボックスを拡大していくというたとえのほか、螺旋《らせん》状の道をどんどん上っていく形でもあると言っています。螺旋は円のような形を連続で描きつつ、その線は一周回っても同じ場所へ

●螺旋を描く成長

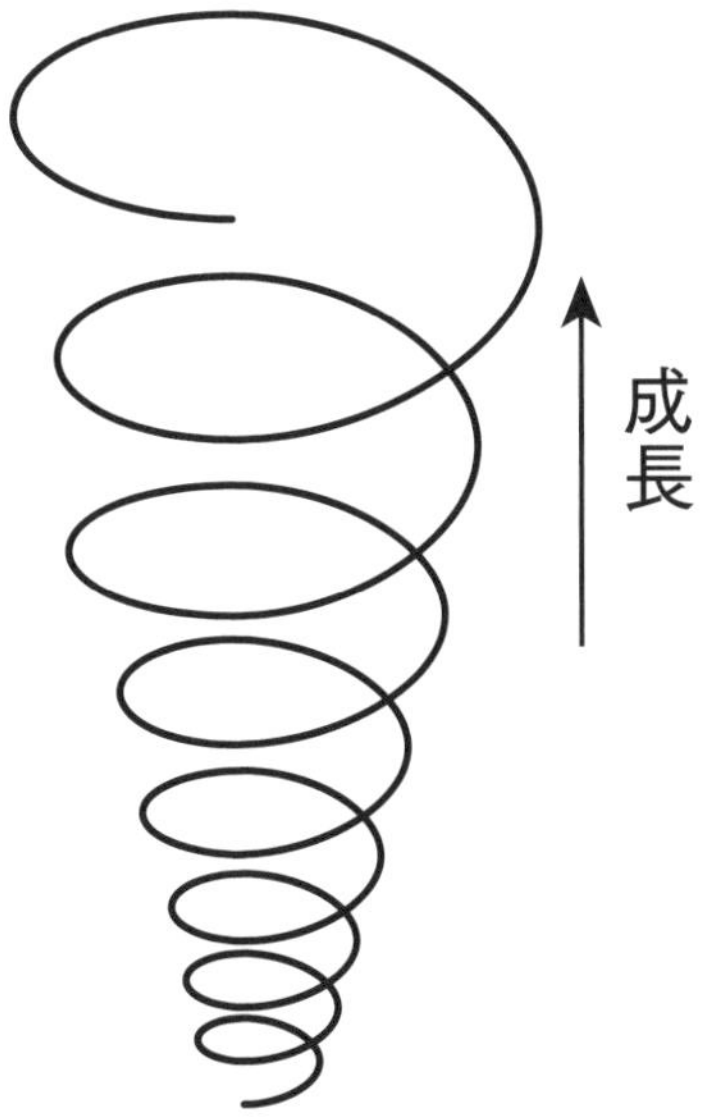

戻って来ません。上へ上へと続いていくものです。同じところをぐるぐる回っていると思っていたのに、気づけば一段高いところにいて、見える景色も違う——螺旋状の成長とはそういうものではないかと私は思っています（35ページの図「螺旋を描く成長」参照）。

ところで、螺旋は「上へ」だけ続いているものではありません。同じ動きをしつつ下へと伸びていく螺旋もあります。実は、私たちはどちらへ向かっていくのか、自分で決めることができるのです。ＳＦやファンタジーの物語で、どんどん悪の道を進んでいく人物が出てくることがあります。これはその人物が選んで闇へ堕ちていっているわけです。このような展開は、もちろん私たちが生きる世界にも起こります。

神様はジャッジ、つまりものごとの善悪の判断をしません。私たち一人ひとりの選択をそのまま尊重してくれます。私は常々、**人間には決める力と選ぶ力が備わっている**と言っていますが、せっかく私たちはこの世界に命をいただいて生きているのだから、幸せを生きて世界に貢献するような選択を提案したいと思っているのです。

私たちの成長は一度きりではありません。「自分は成長するんだ」とあなたが決め、成長のチャンスがやってきたことに気づけば、あなたは無限に成長していけるでしょう。その力があなたにはあるし、**あなただけに**その力があるのです。

そして、この世界は陰陽バランスで成り立っていますので、たとえあなたのボックスが広がり、螺旋を少し上ったとしても、ネガティブな出来事は必ずやってきます。けれども、シフトしたあなたは、それまでならとらわれて抜け出せなくなっていたようなネガティブなエネルギーを「思ったより大したことない」と気に病まなかったり、違ったとらえ方ができるようになったりしているはずです。

ただし、シフトしたあなたの世界では、さらにまた別の、今まで体験したこともないようなネガティブな出来事も起こってきます。これに気づくことが、あなたのさらなるシフトのチャンスにつながるのです。ある意味、ネガティブな出来事が起こってくれるからこそ、何度でも自分の思い込みのボックスを出られるともいえます。

そして、こんなことを言う人を見たことはありませんか？「あのときの私はこんな大変な目に遭ったけど、あの出来事があったからこそ今の自分がある」と。まるで過去のネガティブな出来事に感謝しているような言い方ですが、その言葉はその人の本心のはずです。こんな言葉が出てくるのは、それを言った人がかつてのボックスを超え、シフトして、ものごとをより俯瞰《ふかん》的に見られるようになったからではないでしょうか。このように、誰でも、いつでも成長していけるのです。

即身成仏《そくしんじょうぶつ》とは、肉体を持ったアセンション

「即身成仏」といえば、だいたいの人が思い浮かべるのは、生きたままミイラの状態になったお坊さんでしょう。けれども私はこれを文字通り「身、即《すなわ》ち仏《ほとけ》成り」と解釈しています。この身体、すなわち今この瞬間で自分が仏です、と。

スピリチュアルなことが好きな方にはなじみがあるかと思いますが、「アセンション」という言葉があります。これには次元上昇という意味があり、私たちが自分の霊性を高めて、自分が今いる世界よりも高次元の世界へ向かうことを指しています。ここに出てくる高次元の世界は、肉体を持たない生命体の世界であるとか、別次元の宇宙であるなどと考えられているようです。

私は常々、アセンションとは、私たちが霊性を高めて今の肉体を離れて別次元へ行くことではなく、この肉体を持って生きながら仏のように高い霊性でいることなのではないか、それがある意味で即身成仏なのではないかと考えています。

私たちはこの地球に生まれ、肉体を持った人生を生きていて、肉体があるからこそ体験できることが数限りなくあります。そうした体験を活かして一人ひとりが成長を重ね、シ

フトしていけば、私たちは今この人生で神性を生き、アセンションを実現できるのではないでしょうか。本書では、あなたが自分を変容させて成長し続けられるような考え方やテクニックを紹介しているので、アセンションは決してあなたにとって遠い夢のような理想ではなくなると思います。

身体と空間と潜在意識

私はいつも「身体と空間（場）と潜在意識はリンクしている」という考えについてお話ししています。ここでの「潜在意識」とは心と魂を含むもの、あるいは同じものと言っても差し支えないでしょう。これはいったいどういうことなのか、まずは私たちが知覚できる顕在意識と、無意識の部分である潜在意識との関係から簡単に説明しましょう。

私たちの顕在意識と潜在意識の関係は、海に浮かぶ氷山だけでなく、大型客船にもたとえることができます。私たちの顕在意識は大型客船の船長で、船の舵を取っています。対する潜在意識はたくさんいる乗組員で、エンジンを管理したり、乗客にサービスを提供したり、船を掃除したりしています。乗組員は船が快適に航海していくためのあらゆるサポートを提供していますが、船長の命令に基づいて動いていて、船が進む方向を決められるのは船長だけです。そして、船長と乗組員は密接に連携しています。

それを実感できる例として、パワースポット（イヤシロチ）と呼ばれる場所や、ケガレチといわれる場所に行ったときに私たちが受ける感覚があります。

パワースポットとは、いわゆるポジティブなエネルギーを感じる場所のことです。神社仏閣などがパワースポットとしては有名でしょう。そういった場所を訪れて、なんだかわからないけどさわやかな気分になる、感謝の気持ちがあふれてくる、胸がいっぱいになるなどの感覚を味わったことのある方も多いと思います。

逆に、ケガレチとはネガティブな情報が書き込まれた（ネガティブなエネルギーがある）場のことです。そうした場に行くと、なんとなく気分が優れなかったり、いやな気持ちになったりすることが多いでしょう。日常的に私たちが接することの多いケガレチには、病院などがあります。

なぜこうした感覚が生まれるのでしょう？　それは、パワースポットと呼ばれる「場」にポジティブな情報（エネルギー）があり、その場に行った人、つまり物理的に自分の肉体がその空間に入った人の潜在意識が「場」の情報と共鳴した結果、身体的な感覚として顕在意識が認識するからです。そして、ネガティブな情報がある場所に入った人は、潜在意識がその場のネガティブなエネルギーを感知して、なぜかわからないけれど、なんとなくいやな気持ちになったり、具合が悪くなったりするという身体的反応があるわけです。

このように、身体と空間と潜在意識には密接なつながりがあるのですが、それを実感できるのは肉体があるからこそではないでしょうか。肉体があるから特徴的なエネルギーを持つ場を感知し、そうしたエネルギーを体験・認識し、学びを得られるわけです。だからこそ、肉体を持ったままアセンションすることは可能だと私は考えていますし、高僧だけでなく私たち一人ひとりにも目指せることだと思っています。

そして、第2章で詳しく説明する「8レベルシフトテクニック」を含むＳＳＥ《エスエスイー》という私のエネルギーワークは、この身体・空間・潜在意識がリンクしていることを活用しています。

依存から自立へ

ネガティブな情報があふれる世の中では、不安のあまり何かにすがりたい、頼りたいと思っても仕方ない一面があります。もしかしたら不安や恐怖のために、空想の生きものの存在に強い憧れを抱いたり救いを求めたり、ファンタジーのような世界へ逃避してしまっていたりするケースもあるかもしれません。

けれども、何かの力や存在に依存して自分が抱える問題を解決してもらおうとか、誰かが助けてくれるだろうなどと期待し続けるのでは、いつまでたってもその人は困っている状態から抜け出すことはできないのではないかな、と私は思います。依存するくせがついてしまった人は、「依存」というボックスに入っています。ボックスというのは、前のセクションで説明した通り、私たち一人ひとりが入っている信念体系（思い込み）の枠のことです。

私がスピリチュアル実用主義という考え方を持っているというのは、「はじめに」でもお話ししました。現実世界に、つまり肉体をもって経験する世界に顕現してこなければ、そのスピリチュアリティはファンタジーにすぎないと私は思っているのです。決してファンタジーを悪いことだと非難しているわけでも、ファンタジックな存在を否定しているわけでもありません。ファンタジー要素の側面は趣味として楽しみつつ、しっかりと現実世界を生きて自分をどんどん成長させながら天使と対話したり、ユニコーンに会ったりするのはいいのではないでしょうか。

しかし、厳しいことを言っていると感じる人もいるかもしれませんが、現実と向き合わないのはファンタジーへの逃避や依存であって、実用主義ではありません。その人の生活がきちんと成り立っていて、かつ趣味としてファンタジーの世界を楽しむのであればいいのではないかと思います。

たとえば、輝かしい肩書をいくつも持っているヒーラーやセラピストがいたとしましょう。その方が「あなたにヒーリングをしてあげますから、代わりに食事をご馳走してください。私はお金がないんです」と言ったら、あなたはその方のヒーリングを受けたいと思いますか？いくら肩書が素晴らしくても、その方の施術は本当に効き目があるのでしょうか？

一般的な感覚として、生活を送るのが危ういような人にエネルギーワークをしてほしいと思うことは少ないはずです。施術してくれる相手自体が整っているかどうかもわからないのですから、ヒーリングセッションを受けたらその方とのエネルギー同調が起こって、むしろこちらにネガティブな影響を及ぼすかもしれません。

世の中には依存させたい人も、依存したい人もたくさんいます。ただし、どちら側の人たちも、自分では依存させたり、依存したがったりしていることに気づいていない可能性もあるのです。

他人を自分に依存させるような行動をとっている人は、自分の力を認めてほしい、自分の価値に注目してもらえないと不安だ、などという思いが無意識の中にあるのかもしれません。逆に、何かにすがりたい、誰かに頼りたいと考えがちな人は、自分には現状を好転させることはできないし、自分は運が悪いのでなんとかしてほしいと悲観的になっている可能性もあります。

この世界はすべて陰陽のバランスで成り立っていて、私たちの思考も陰陽の形になっていると先ほどお話ししました。たとえば、一見とても尊大な振る舞いをしている人は、実は自分に自信がなく、自信がないからこそ周りに認めてほしくて偉そうな態度になってしまっている可能性があります。逆に、誰かが能力を発揮しているのを見て、自分にはそんなことはできない、能力がある人が羨ましいと思っている人は、実は自分の中にもそうした能力が隠れているからこそ、誰かがその能力を発揮して活躍していることに気づくことができているのかもしれないのです。

私たち一人ひとりには、自分の人生を切り拓いていく力がすでに備わっています。依存する・させる人たちは、自分が「本当の自分」になったときにできること——自分を認めることで自分が満たされ、その満たされた幸せな気持ちが世界に広がって、世界に幸せなエネルギーを届けることができるということに気づいていないだけではないかと私は思います。

私は、依存する側・させる側のどちらにも自分で気づいてほしいと願っています。自分が何かに依存していること、誰かを依存させていることに気づけば、その人は依存というボックスから出て成長できるでしょう。依存のボックスを超えてしまえば、何かにすがったり、誰かに認めてもらったりしないと不安だという状態から抜け出せるはずです。

特に今、世界規模でありとあらゆる不安要素が噴出し、混迷の時代となっています。不安な情報が押し寄せてくる中、どこに立脚すればいいのでしょうか？　私は、**自分自身に立脚**していくのだと思います。繰り返しお伝えしているように、ネガティブな出来事はチャンスなのですから、今こそ世界の混迷を使って、大きく成長していきましょう。

「仏に逢うては仏を殺せ」

日本三大禅宗の一派である臨済宗の開祖、臨済義玄《ぎげん》の語録『臨済録』には、「仏に逢うては仏を殺せ」という言葉があります。一見、物騒な言いようですが、決して文字通りの意味ではありません。

禅とは、修行の一環として空の直接体験を目指すものだと私は思っています。その修行の過程では、光り輝く神仏が現れたり、修行者に向けて「おまえはすごい」、「おまえは救世主だ」と声をかけてくるような存在が出てきたりすることがあるそうです。これは修行の初期段階に起こり得る、幻覚を見ているような状態で、禅では「魔境」と呼ばれています。これが修行者の意識の奥深くに入ってくるわけです。イエス・キリストも荒野で悪魔に誘惑されたというエピソードがありますし、ヨーガ学派の経典である『ヨーガ・スートラ』にも、表現はやや違いますが似たようなくだりがあります。

けれども、「内は外なり」であれば、その修行者には何が起こっているのでしょう？自分の外側に、光り輝く神仏がたくさんついてきているのが見えているわけです。私なら、それを殺せとは言いません。代わりに「あなたが選んでください」とでも言うかと思います。「外は内なり」ですから、修行者に見えているものはその人の内にエネルギーとして存在しているということではないかと考えるからです。

ただし、そこで見えている神仏のような存在が修行者に向かって「私についてこい」と言い出したら、その修行者は考えた方がいいと思います。おそらくそれこそ「魔境」ですから、とらわれて誘惑されてしまえば、修行者の成長はそこで止まってしまうでしょう。これも先ほどお話しした「依存」にあたると思います。

禅の教えでは、自分とは異なる次元の存在に出会うことを目的としていません。禅が目指すところは自分が何者であるかに気づくこと、自分が何者かを知ることです。そこへ至るまでの道すがら、何かに遭遇して気を取られてしまえば、自分が何者なのかを知るという本来の目的にたどり着けなくなってしまいます。これを回避するための教えとして「仏に逢うては仏を殺せ」という言葉があるのでしょう。

量子場と潜在意識領域

私は、量子場と潜在意識領域は、ほぼイコールだととらえていて、さらにその量子場は多層的な構造になっているのではないかと考えています。

量子場とは物理学の理論のひとつですが、大まかに言えば、物理学は「見える世界」の学問です。その物理学の研究がずっと進んでいった結果、量子場という「見えない世界」の学問分野へと行き着きました。そして現在、量子場の研究はさらに進展しています。

一方で思念の世界、つまり意識の世界においては、無意識という概念を確立したのはフロイト（１８５６〜１９３９）だといわれています。彼のおかげで、通常知られている意識に加えて潜在意識という領域があることがわかり、研究が進みました。意識にもいくつかのレベルがあるという考えが広まっていったのです。

米国の物理学者デヴィッド・ボーム（1917～1992）は、「明在系」（見えている世界）と「暗在系」（見えない世界）という考え方を提唱しました。ボームは、暗在系は明在系の何千倍ものエネルギーを持っていると言っているのですが、氷山にたとえた顕在意識と潜在意識の話にとてもよく似ていると思いませんか？　心理学でも、顕在意識と潜在意識の割合がそれぞれ10％と90％程度だといわれています。ボームは量子場の研究まではしていなかったと思うのですが、直感的にこの明在系・暗在系の考えに至ったのかもしれません。

量子場は揺らいでいる――誰にでも起こり得るパラレルジャンプ

みなさんは、私たちはずっと同じ時間軸の上を生きていて、今日の次は明日が来て、明後日が来て、そのまたずっと先まで同じ世界にいると思っていませんか？

私は、世界は多層的であり、多元的でもあると考えています。全人類は「時間」という概念のものさしを共有しているので、一緒に社会生活ができるわけですが、本当は一人ひとりが違う人生を生きています。共有している時間という概念に従って生きているから、今日の前には昨日があり、今日の次には明日が来て、同じ世界で同じ生活が続くように思えるかもしれません。しかし、本当は毎日が量子場的にも「新しい一日」なのです。

そして、量子場はつねに揺れ動いています。私たちの概念の中にある時間軸では、一日一日が数珠つなぎのように並んでいると考えるかもしれませんが、そうではなく、一日一日それぞれの日が数珠玉として点在しているような感じです。それぞれがつながっているわけではないので、ある日いきなりそれまで生きていた世界では考えられないような奇跡が起こったり、それまで苦しんでいた悩みごとが元から存在しなかったかのような展開になったりすることもあるわけです。

揺らいだ量子場の面白い例として、こんなエピソードがあります。これは私自身の体験談です。

お酒の好きな私は、あるときいつものように飲みに行き、かなり遅い時間になってから電車で帰路につきました。ところが、私はうたた寝して乗り過ごしてしまい、本来降りるはずの駅よりだいぶ先まで行ってしまってから目が覚め、慌てて電車を降りたのです。

電車を降りてから、私はさらなるトラブルに気づきました。持っていたかばんがありません。酔っていたこともあって、急いで電車を降りるときに車内に置き忘れてしまったのでしょう。

私はすぐに駅員の方を見つけ、今の電車にかばんを忘れたと思うので確認してもらえないかと頼みました。だいたいこの辺りの車両に乗っていたと私が告げると、すぐに終着駅へ連絡し、該当の車両で遺失物を探してくれたのですが、見当たらないと言われてしまいます。

ないと言われてしまったら、もうそこからどうしたらいいかわかりません。私はしばらくその場に呆然と立ち尽くしてしまいました。けれど、すでにかなり遅い時間でしたし、今から自分にできることは何だろう、まず何をすればいいだろうと、ぼんやり考えながら歩き出します。

すると、先ほどの駅員の方が走って追いかけてきて、私にこう言ったのです。「お客さん、ありました！　たぶんお客さんのかばんだと思います」と。ただ、その言葉の続きがまったく理解できません。

「お客さんが乗っていた次の電車で見つかりました」

私が乗ってきた電車の後に走っていた電車の中で？　私のかばんらしきものが？　見つ

かった？

まったく意味がわからないまま、私は説明の続きを聞きました。駅員の方が言うには、私が乗っていたと伝えた電車の車両には、それらしき忘れものは見当たらず、その次に到着した電車の同じ号車で、私が説明したかばんにとてもよく似たものが置き忘れられていたとのことなのです。

「おそらく、お客さんがおっしゃっているかばんだと思います。今から最終電車が来ますから、そのかばんを預かっている駅に行ってみてください」と、駅員の方は言います。

半信半疑でしたが、ほかにできることもないし、本当に自分のかばんがあったらいいなと思ったので、私は最終電車に乗りました。終着駅の駅員室に行ってみると、あったのです。たしかにそれは私のかばんでした。中には財布や免許証など、貴重品が全部入ったままだったので、すぐに私の身元を確認してもらい、無事にかばんは私の手元に戻ってきたのです。

私がこの話をすると、単なる酔っ払いのエピソードとしてとらえた人は、「光一さんが乗っていた電車を間違えていたとか、何か思い違いがあったんじゃないですか」などと言い、信じがたいけれど本当に起こった出来事だと考えた人は、「それはかばんがワープしたんじゃないですか」と言います。

今までだと、スピリチュアルな考え方をすれば、いきなりモノが消えて別の場所に現れれば、それはモノ自体がワープしたんだと結論づけがちだったと思います。けれども私は、このとき私がシフトしたんじゃないかと考えているのです。現実だけれど、今までとは違う現実、つまりパラレルワールドに移ったのではないかと。私が何かのきっかけで、それまでいた現実世界からパラレルジャンプし、別の現実世界へ来てしまったので、前にいた世界で持っていたかばんは、新しい世界ではやや時間のずれた次の電車にぽつんと乗って、私を追いかけてきたのかもしれません。

こんなことは体験しようと思ってもなかなかできないことですし、自分の身に似たような奇跡がまた起こるのかどうかは私にもわかりません。けれど、私たちはみな、日常生活の中でパラレルジャンプする可能性は大いにあると思います。私のかばんの件のように明らかな時空の歪みを体験しなかったとしても、みなさんも実は気づかないうちに昨日までとは違う世界に生きているかもしれないのです。

私は、今は特に量子場が揺らいでいると感じているので、奇跡のようなパラレルジャンプのケースがこれからもっと出てくるのではないかなと思っています。

次章では、潜在意識領域とはすなわち量子場であるという考え方のもと、読者のみなさん一人ひとりが自分の量子場を活用して変容を促すことができるワークを紹介しましょう。

第2章　「8レベルシフトテクニック」の実践

「8レベルシフトテクニック」とは

この章では、「8レベルシフトテクニック」を実際に行うための手順について説明していきます。

「8レベルシフトテクニック」とは、SSEという、私が開発したエネルギーテクニックのカテゴリーに含まれているものです。SSEというのは（Spiritual Space Engineering）の頭文字をとったもので、スピリチュアルな(Spiritual)場(Space)を操作する(Engineering)ことから名づけました。

第1章でお話ししたように、身体と空間と潜在意識はリンクしていて、空間（場）に書き込まれている情報を潜在意識が読み取り、読み取った情報を感覚として身体が認識しています。場にすでに書き込まれている情報を潜在意識が受け取れるのであれば、意図的に場を使ってエネルギーワークをすることで、私たちは自分の潜在意識に変容をもたらすことができるというわけです。

私は常々「結果が出ないスピリチュアルはただのファンタジーにすぎない」として、スピリチュアル実用主義を掲げていますが、それは実際に自分で変容を体験したり、私が考案したエネルギーワークで結果が出たという報告を数多くいただいたりしていることにも裏づけられています。

「8レベルシフトテクニック」で体験する多層量子場

前章で、潜在意識と量子場はイコールであるという考えについてお話ししました。その考えに基づき、量子場は多層的な構造を持っているのではないかと私は考えています。

これから実際に体験していく多層量子場には、全部で7つの層があります。これは神智学のモデルがベースになっているのですが、私は実際にリーディングして各レベルのエネルギーを確認しました。その結果、肉体を中心として、そこから微細な体（サトルボディ）とも呼ばれる7つの層が外側へと広がっているのを感じ取っています。

各サトルボディの名称は神智学のレベル分けを参考にしてはいるものの、神智学で広く伝えられている定義と、私がリーディングをして受け取った内容とは完全に一致するわけではないということは、あらかじめご理解いただきたいと思います。

まず、肉体からいちばん近い層はエーテル体のフィールドで、一般的に「オーラが見える」と言って見ているのがこのエーテル体の層です。肉体にもっとも近いため、個人の健康面にも関わってくるサトルボディだと考えられます。

その次に来るのがアストラル体と呼ばれるフィールド。目に見えない世界との関わりがあり、いわゆる幽体離脱（アストラルプロジェクション）を起こすのがこのアストラル体だといわれています。

その次にあるのがメンタル体です。メンタル体は魂の領域なので、過去世の情報もこの層にあります。エーテル体・アストラル体・メンタル体の3つの層までが個人の領域にあたるのですが、個人に近い領域ということで、それぞれの層の厚さは人によって異なります。オーラが大きいなどと言われる人は、エーテル体のフィールドが広いのでしょう。そして、肉体から遠ざかるほどサトルボディは抽象的になっていくため、フィールドの広さなどに個体差はなくなります。

メンタル体の外側に隣接しているのがコーザル体です。これは集合意識なのですが、メンタル体までの個人的領域と接しているので、集合意識は個人の意識につながっているというわけです。

そしてコーザル体のすぐ外側にあるのがブッディ体。このサトルボディはマスター（アセンデッドマスター）のレベルです。私たち一人ひとりがこのブッディ体の層を持っているため、「あなたが存在するからキリストも仏陀も天使も認識できる」というロジックが成り立ちます。そして、「すべてはあなた」なので、あなたの中にマスターレベルのサトルボディフィールドが存在すると言ってもいいわけです。また、このブッディ体レベルのエネルギーが国や地域というフィルターを通ると、さまざまな宗教や神話として現実世界に現れてきます。

もしあなたが天使の存在を体験するような機会があったとして、その天使のイメージが世間一般でいわれている天使の姿かたちと異なったり、意外だと思うような印象があったりしても、それは何ひとつ不思議なことではありません。あなたのブッディ体を通して体験した何かの存在は、マスターであれ、天使であれ、龍であれ、あなただけが認識するイメージ、あなただけの見え方をしているでしょう。あなたが体験することはあなた自身にとっての真実なので、別の誰かの体験と比較できるものではないのです。

さて、ブッディ体の次にあるのがアートマ体で、これは真我（真の自分）の領域といわれます。「真の自分」、つまり本当のあなたとはどういう個性なのかがこの層にあるのですが、周りからインプットされる偽りの情報や「真の自分」を隠してしまう他人軸に侵されていると、あなたの自分軸がなかなか出ません。自分軸が出ないということは、あなたは真我の現れが体験できないということになります。あなたが自分軸を持って本当の自分を生きることができれば、あなたの体験が「真の自分」の体験になっていくでしょう。そして、真のあなたはもう宇宙レベルだというのが、このアートマ体レベルです。

そしてその次はモナド体と呼ばれる層で、これは多元宇宙にあたります。多元宇宙はパラレルワールドともいえるでしょう。今、自分がいる次元とは別の次元に存在するすべての宇宙ともつながっているのがこのモナド体で、「あなたは宇宙そのものであり、すべての宇宙そのものだ」というのがこの領域です。だからこそ、あなた自身が変容すれば、すべての領域に影響をもたらすことができるわけです。

ファンタジックな言い方をすれば、多元宇宙のどこかで起きた戦争が自分のせいだという可能性もあるわけです。それはもちろん「あなたが認識すれば」ですが。「多元宇宙でSF映画みたいな宇宙戦争があった、という話を聞いたのは誰か」と考えれば、それは自分なのですから、そういうことがどこかで起きるということもあり得るわけです。

そして、モナド体の先にあるのが、本書で仮に〈源〉と呼んでいるレベルです。繰り返しになりますが、〈源〉は特定の名前をつけて固定化してしまうと「それ」ではなくなってしまいます。生きとし生けるもの、あらゆる存在のエネルギーの源、「純粋な意識」、「純粋な場」、「空」にあたるものです。

●サトルボディの図

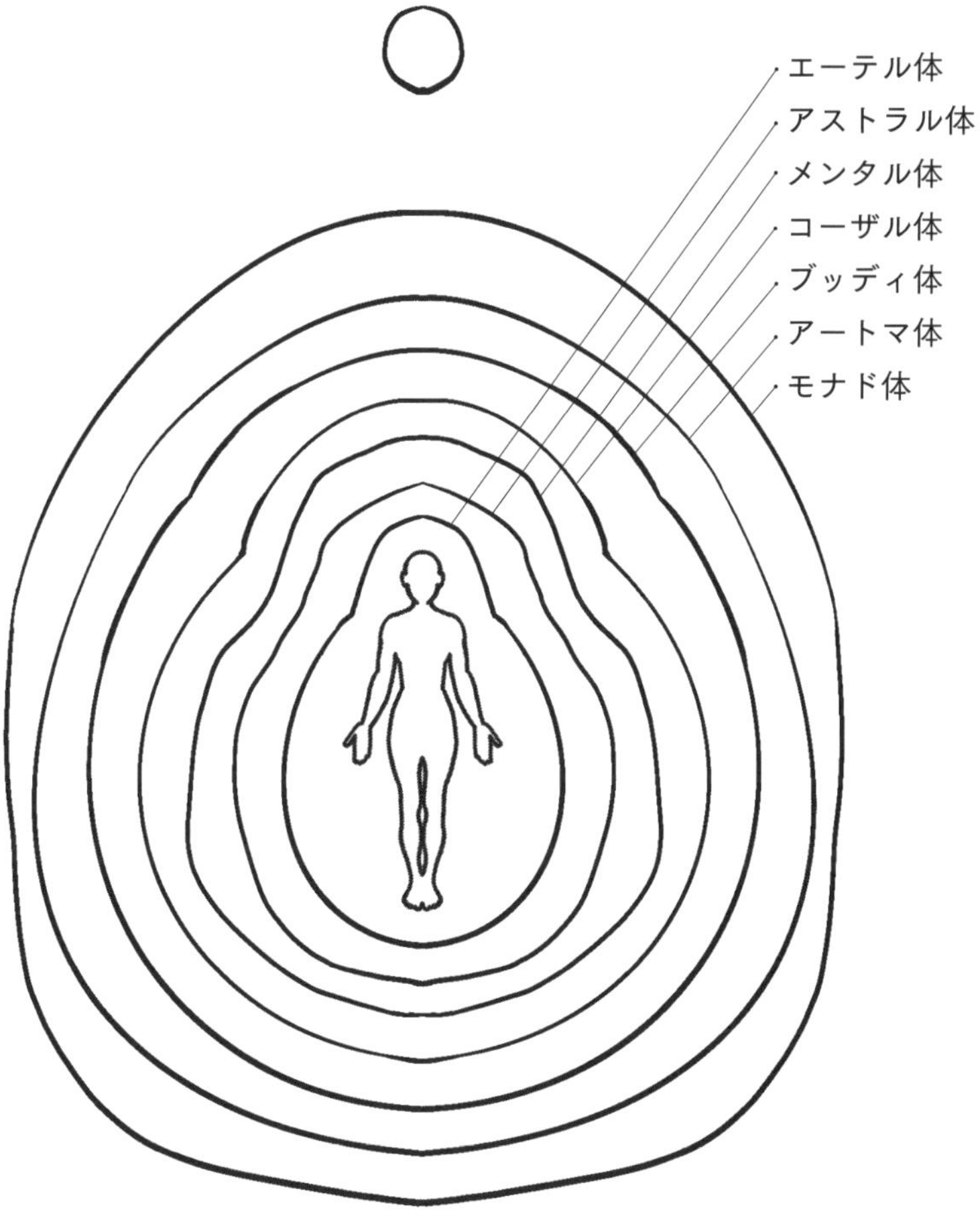
エーテル体
アストラル体
メンタル体
コーザル体
ブッディ体
アートマ体
モナド体

ところで、第1章でご説明したように「外は内なり、内は外なり」ですから、これら7つのレベルの層はあなたの身体の外側へ全方位に広がる一方で、**あなたの内側へも広がっています。**つまり、**あなたの中のもっとも奥深いところにもこの〈源〉が存在するので、「すべてはあなた」だ**というわけです。また、「上の如く、下も然り」と昔から言うように、「上は下なり、下は上なり」も成り立ちますので、59ページの「サトルボディの図」では、人の姿の頭上に〈源〉にあたるものが描かれていますが、第1章の「氷山でたとえる顕在意識と潜在意識」の絵（19ページ）のように海底深くにあるものとして描かれていても矛盾はありません。

「8レベルシフトテクニック」で使う「なほひかへ」についてとその実践方法

「8レベルシフトテクニック」の実践方法に入る前に、このワークの中で使う「なほひかへ」について先に説明したいと思います。「なほひかへ」は、ネガティブなエネルギーを認めて受け入れ、それをポジティブなエネルギーに変換するテクニックです。

本書で初めて「なほひかへ」について知る方もいらっしゃるかもしれませんので、私がこれまでに開発した多くのテクニックを含め、その名前に組み込まれている「なほひ」という言葉について少しお話ししたいと思います。

「なほひかへ」の「なほひ」は漢字では「直霊」と綴ります。

日本の古神道には「一霊四魂《いちれいしこん》」という考え方があります。神様や私たち人間には、荒魂《あらみたま》、和魂《にぎみたま》、幸霊《さきみたま》、奇霊《くしみたま》という四つの魂（四魂）があり、これらを直霊《なおひ》という、ひとつの魂が司っているというものです。

そして、なほひは先ほど説明したサトルボディのフィールドではアートマ体からモナド体までの範囲――今、自分のいる宇宙から多元宇宙に至るまでの「真の自分」にあたります。「なほひかへ」の「なほひ」はこの直霊から来ていますが、私はこれを「なおひ」ではなく「なほひ」と発音しています。「なほひかへ」の「かへ」の部分は変える・変換させるという意味合いなのですが、こちらも「かえ」ではなく、文字そのままの「かへ」と言っています。「なほひかへ」は、今回のように「8レベルシフトテクニック」など別のエネルギーワークに組み込めるほか、単独でも使用できるテクニックなので、ぜひ活用していただければと思います。

「なほひかへ」の手順は次の通りです。

1．アファメーション（宣言）をして、大いなる光とひとつになる
2．ネガティブなエネルギーを認めて受け入れる
3．ネガティブなエネルギーをポジティブに変換させる
4．変換させられたことに対し感謝を述べる

では、手順を具体的に説明していきましょう。

1．アファメーション（宣言）をして、大いなる光とひとつになる

合掌し、**「我、大いなる光とひとつなり」**と3回唱えます。

アファメーションとは、ポジティブな言葉で自分自身に対して宣言することです。これから「なほひかへ」を行うにあたり、自分は大いなる光とひとつになったうえで実行するのだと自信を持って宣言しましょう。大いなる光とひとつになっていれば、どんなネガティブなエネルギーもこの後受け入れることができます。

また、合掌は陰陽統合の象徴でもあります。左手（陰の手）と右手（陽の手）を合わせて陰陽を統合したうえで大いなる光とひとつであると宣言することにより、いよいよ「なほひかへ」を行う準備が整います。

●受容のポーズ

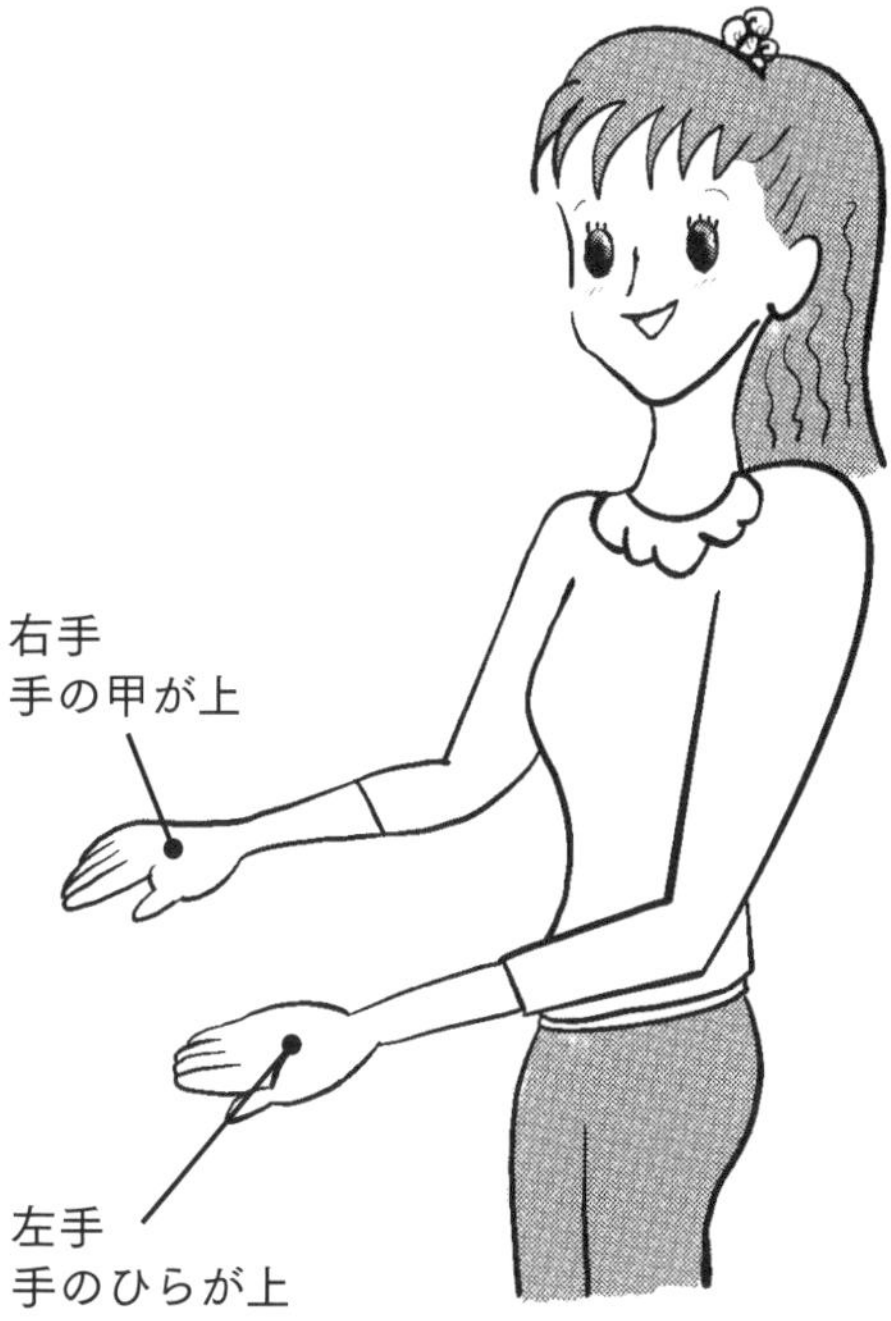

2. ネガティブなエネルギーを認めて受け入れる

両手を前に出し、左の手のひらを天に、右の手のひらを地に向けましょう（63ページ「受容のポーズ」参照）。あなたが今から変換させたいと思っているネガティブなエネルギーを左の手のひらに全部乗せるようイメージします。

ここでのネガティブなエネルギーとは、あなたが抱いている負の感情（痛み、つらさ、妬み、憎しみ、イライラなど）です。今この瞬間に抱いている感情でも、過去の記憶や体験からずっと引きずっている思いなどでもかまいません。

ネガティブな感情を左の手のひらに託そうとしたところで、手の上に何か乗っているような重さがあったり、あるいはまったく何も感じなかったり、ここでの感覚は人それぞれです。いずれの場合でも、あなたがそうすると決めて実行していれば、ネガティブなエネルギーはあなたの左手の上に乗っています。そして、最初に「大いなる光とひとつなり」と宣言しているため、どんなネガティブな感情を思い出したとしても、あなた自身に負の影響はないので心配することはありません。

3. ネガティブなエネルギーをポジティブに変換させる

ネガティブなエネルギーが乗っている左の手のひらが自分に向かうようにし、左手の甲に右の手のひらを添えて、両手の親指が上に来るよう、手を垂直にします。両手の親指を天に向けて立ててください（65ページ「変換のアクション」参照）。

この状態で、左の手のひらに乗っているネガティブなエネルギーをシェイクするように、両手を上下に振ります。両手を振り続けながら、心の中で「変換、変換」「かへ、かへ」と唱えましょう。

私の場合、手順2と3の段階でものすごい毒舌を振るっていることがよくあります。周

●変換のアクション

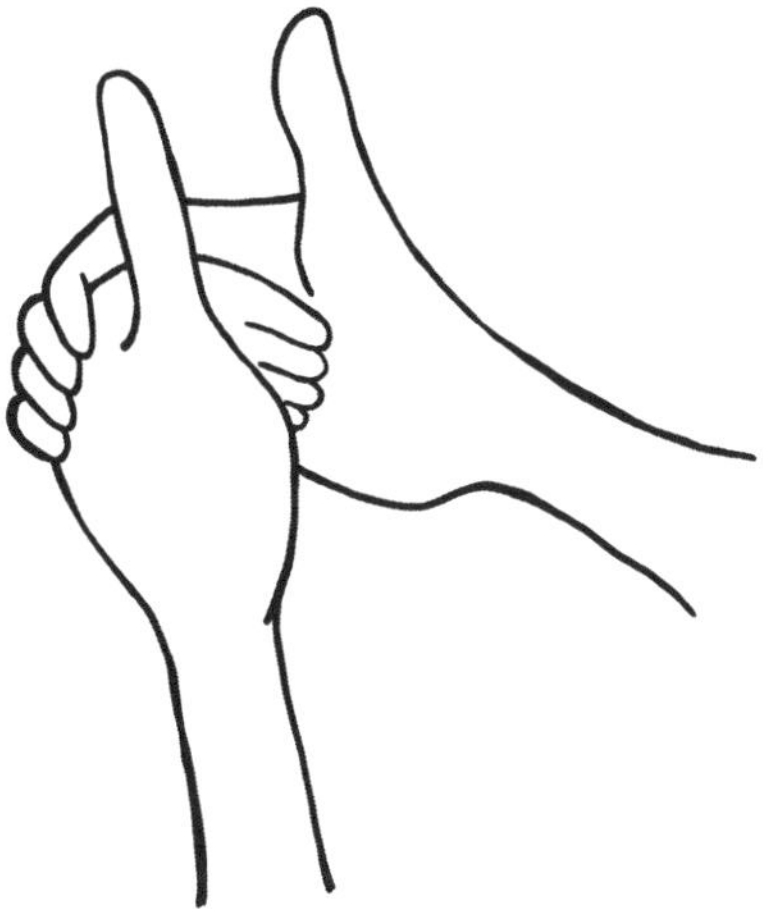

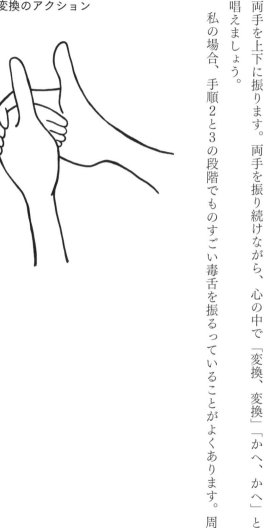

囲に人がいる場合には心の中で悪態をついていますが、ひとりのときには声に出して言ったりもしています。悪い言葉を使ったり、ネガティブな内容を口に出したりすることに罪悪感を抱く人もいるかと思いますが、心配することはありません。むしろ自分の中に怒りや憎しみなどのネガティブなエネルギーを溜め込んで我慢していると、せっかくの「なほひかへ」の変容効果が出ないかもしれませんし、我慢するという行為がまた別のネガティブなエネルギーを生み出してしまう可能性があります。ここは自分が持っているあらゆるネガティブなエネルギーを「認めて」「変換させる」段階です。私たち人間は陰と陽の感情を持っていて当たり前なので、「こんなことを考えたり言ったりしては罰当たりだ」などと考えず、思い切ってすべて受け入れ、出し切ってしまいましょう。

「なほひかへ」には、厳密にどのくらい変換のアクションをすればいいというルールはありません。しかし、「変換、変換」「かへ、かへ」と唱えながら両手をシェイクさせていると、多くの場合、身体に何らかの反応が出てきます。あくび、咳、げっぷ、涙、鼻水など、変換のアクションを始める前には見られなかった身体的反応が出てきたら、出るがままにしましょう。これは、ネガティブなエネルギーが目に見えない潜在意識の領域で変換され、潜在意識とつながっている身体が、あなたの潜在意識に起こっている反応をとらえて出てきているものだからです。

この段階でも、身体的反応は人それぞれ異なり、中にはそうした反応が出ない方も当然います。一人ひとりの潜在意識と身体の反応はまったく同じではないからです。「なほひかへ」をしたのに何の身体的反応もなかったとしても心配しないでください。前述のような身体的反応が見られなかったとしても、自分が「そろそろいいかな」と思ったり、それまで考えていたネガティブなことがらがそれほど気にならなくなったりしたら、そこで変換のアクションをやめ、次の段階に移りましょう。

●終了のポーズ

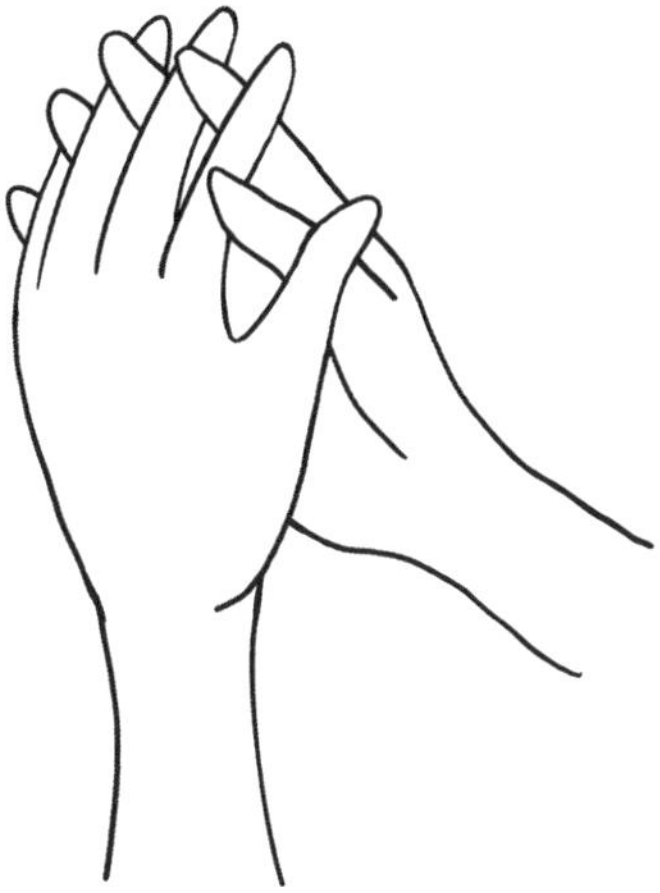

4．変換させられたことに対し感謝を述べる

ムドラ（終了のポーズ）を組み、「ありがとうございます」と3回唱えます。

ムドラとはサンスクリット語で印《いん》という意味です。67ページの「終了のポーズ」のように、両手の指を開き、指の第一関節同士を交互に挟むような形にします。このとき、自分から見て左手側の指が右手側の指より手前に来て、いちばん手前には左手の親指が来るように組みましょう。

ここで私がおすすめしたいのが、自分のストレス度数のチェックです。あなたが「なほひかへ」を実践したいと思うのは多くの場合、ネガティブなことを体験したときでしょう。あなたが怒りや悲しみ、不安などのネガティブな感情を抱いたときに「なほひかへ」を行うと、最初に現れる効果は、あなたがそれまで感じていたストレスの軽減です。その後、ストレスが減ったことによって気持ちが楽になったり、置かれていた状況を客観的にとらえられるようになって解決策が見つかったりすると思います。

そこで、あなたのストレス度を点数化して最大値を10段階の10としたときに、「なほひかへ」の前後ではそれぞれ何点なのかを直感的に決めてみましょう。自分の中で感じているストレスを点数化することで、「なほひかへ」によって自分が受けているストレスが減った

ことをより具体的に実感できます。ストレス度が下がっただけでも、自分に降りかかっているトラブルからの影響が軽減されたことを認識しやすくなり、自分がとらわれていた状況や感情から脱して冷静になれるでしょう。必ずしも数値化する必要はないのですが、自分の精神的なストレスが下がったことを確認するためには、とてもわかりやすい方法です。

このストレス度チェックにおけるポイントは、数値そのものや数値の下がり具合ではなく、「なほひかへ」の前後で自分のストレスの度合いがいくらかでも下がり、楽になった事実に気づくことです。**「なほひかへ」によって変化を起こすことが重要**なので、ストレスが下がった度数などを気にするのではなく、最大値を大まかに10として「だいたいこのくらい下がったかもしれないな」という感覚を持ち、その時点でさらに「なほひかへ」をした方がいい、あるいはもう少し「なほひかへ」をやりたいと自分で感じたのであれば、再び「なほひかへ」を実践するといいでしょう。自分が少しでも変化したということに気づき、その変化を受け入れれば、あなたはシフトしやすくなりますし、「なほひかへ」でストレスが減って楽になったということは、あなたがボックスを出始めたサインでもあるのです。

「なほひかへ」単独で行う場合のすべての手順は前述の通りですが、これを「８レベルシフトテクニック」の中に組み込むときには、別のアクションが間に入ってきます。「なほひかへ」単体のテクニックは、日常的にやってくるネガティブなことを解決するのにも大変役立つので、そのコツについては第3章でお伝えしましょう。

「8レベルシフトテクニック」のレイアウトの作り方

ここでは「8レベルシフトテクニック」を行う準備をしていきましょう。

「8レベルシフトテクニック」は、広いスペースが必要なワークです。このスペースに自分を中心とした7つの同心円を作っていくのですが、その際、一つひとつの円は人ひとりが歩けるくらいの幅を確保します。可能であれば、剥がした跡が残らないマスキングテープや養生テープを床に貼ったり、屋外であれば粘着テープを使ったり、ビニールテープを固定したりして円の目印にしてください。

まずは中心点を定め、そこから自分が歩き回れるくらいの幅をとって、1つめの円を描きます。これがあなたのエーテル体フィールドの境界を示す円です。中心点はもちろん、あなたの肉体がある場所を示します。

●「8レベルシフトテクニック」のレイアウト

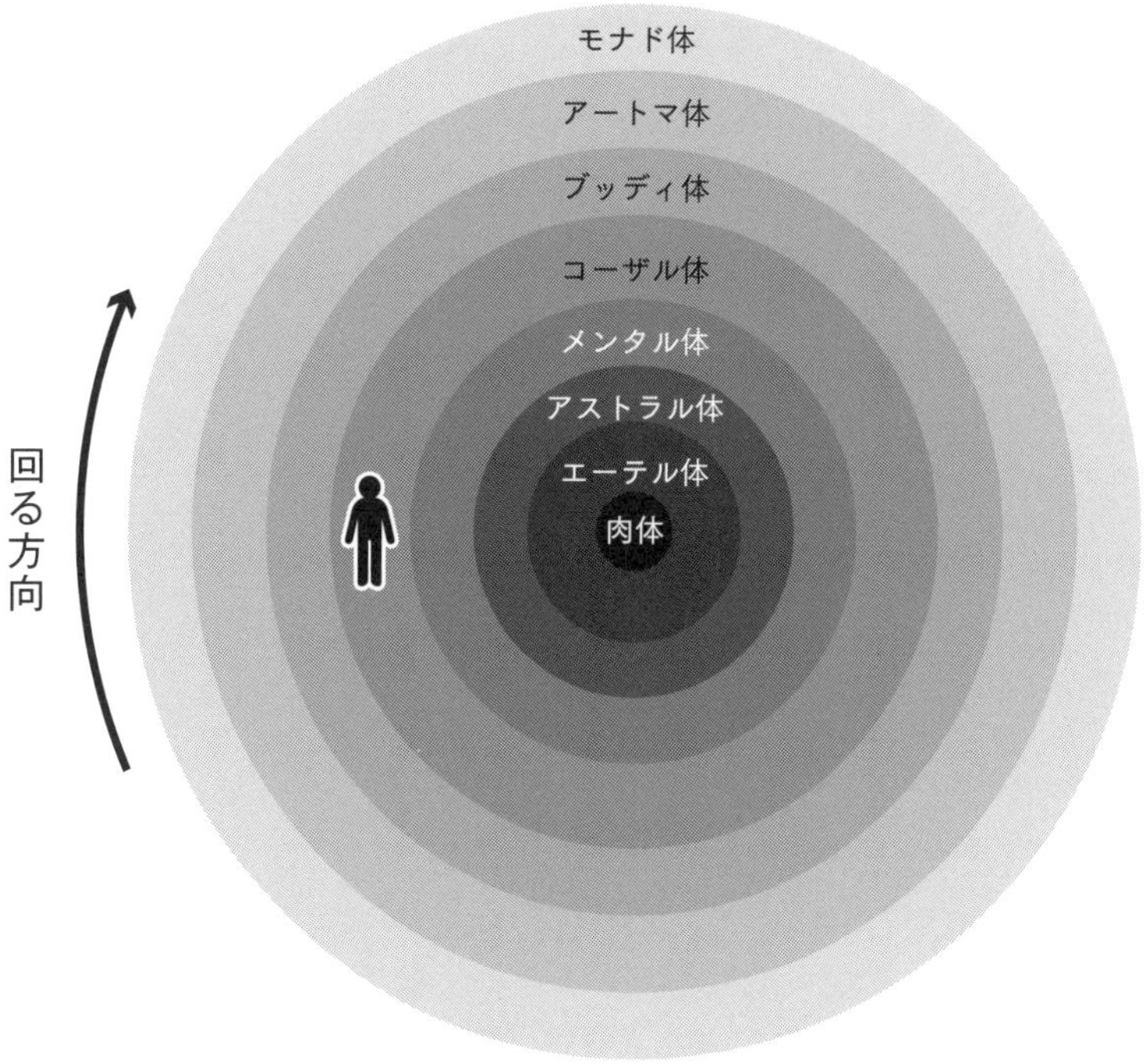

次に、エーテル体フィールドを示す円から再びあなたが歩ける程度の幅をとって、外側に次の円を描きます。これはアストラル体フィールドの境界を示す円になります。

同じように、メンタル体、コーザル体、ブッディ体、アートマ体、モナド体の円を同心円状に描いていきます。それぞれの円の幅に差をつける必要はなく、あなたがその間を歩けるくらいの距離がとれていれば十分です。最終的には、自分を中心とした7つの円が描かれていることになります（71ページの図『8レベルシフトテクニック』のレイアウト」参照）。

テープがない、あるいはテープを貼れる環境にないとなると難しいのですが、それぞれの円にはできれば目印をつけることをおすすめします。というのも、このテクニックは同心円上を時計回りに歩きながら行うので、いわば「渦」を形成することになるからです。渦という形状は潜在意識的にエネルギーを動かすパターンがあると私は思っているので、目安があった方が潜在意識として認識しやすいと考えているのがその理由です。

ただし、各サトルボディのフィールドの目印をつけることが目的といっても、厳格にその範囲の中だけを歩くようにしなければならないということではありません。あくまでもワークをするあなたのための目安としての印なので、あなたがフィールドを区切る線を踏んでしまっても、フィールドの幅からはみ出して歩いてしまっても、このエネルギーワークの効果に変わりはないので、おおらかな気持ちでワークに臨んでください。

さらに、この同心円はあなただけのエネルギーフィールドになるため、誰かと一緒にこのワークをする際には、相手の円と自分の円が絶対に重ならないようにしてください。数人で行なう場合は、一人ひとりのエネルギーフィールドを象徴する同心円に決して侵入することのないよう、それぞれのために円のスペースが必要なため、かなり広い場所が必要になります。

そして、もし自分がリラックスできると思うのであれば、「8レベルシフトテクニック」を実践する場に音楽を流してもいいでしょう。流すのであれば、ヒーリングミュージックと呼ばれるジャンルの歌詞のない音楽のほか、川のせせらぎ、雨音、鳥のさえずりなどの自然音がおすすめです。音楽のある・なしで効果が変わるわけではないので、自分の好みで決めてみてください。

「8レベルシフトテクニック」の手順

同心円のレイアウトができたら、いよいよ「8レベルシフトテクニック」を実践していきます。

まずは同心円の中心に立ちましょう。ここはあなたの肉体がある場所です。肉体レベルのこのポジションで「なほひかへ」のアファメーション「我、大いなる光とひとつなり」を3回唱えます。次に**「私はすべてのネガティブなエネルギーを受け入れます」**と言って、受容のポーズをとってください。ここでは、すべては今この瞬間、この段階に存在するという考え方をしているので、今この瞬間の肉体レベルのネガティブなエネルギーをすべて受け入れ、反転させて、ポジティブなエネルギーに変容したうえでシフトさせていきます。なお、「8レベルシフトテクニック」では抽象的なエネルギーパターンを扱うので、受け入れるネガティブなエネルギーの表現も抽象的にしています。

肉体レベルでの変換のアクションを終えたら、終了のポーズであるムドラを組んで「ありがとうございます」と3回唱え、エーテル体のフィールドを示す円へ移動しましょう。「なほひかへ」の最初に言う「我、大いなる光とひとつなり」というアファメーションは、肉体レベルである円の中心で一度だけ行います。

エーテル体の円の中を右回り（時計回り）に歩きながら、「私はすべてのネガティブなエネルギーを受け入れます」と言い、同じように受容のポーズをとります。次いで変換のアクションを行いつつエーテル体の円を一周し終わったら、立ち止まりムドラを組んで「ありがとうございます」と3回唱えます。そのまま一歩外側へ出てアストラル体のフィールドを示す円に移動しましょう。ここでもまったく同じように受容のポーズ・変換のアクションをしながら円を一周し、「ありがとうございます」を3回唱えて終了します。

このままメンタル体、コーザル体、ブッディ体、アートマ体、モナド体の円を同じように歩きながら「なほひかへ」をしていきます。

モナド体まですべて「なほひかへ」をしながら回り終わったら、同心円の外へいったん出てください。どの円でもない、外側の場所ならどこでもかまいません。一度、円の外へ出てから、再び円の中心まで戻りましょう。このときはサトルボディの円は無視して、ただ円の外から同心円の中心へと一気に戻ります。

円の中心へ戻ったところで、このワークは終了です。

各サトルボディのフィールドを歩きながら「なほひかへ」をすることで、そのレベルがそのときにおいて浄化され、シフトすることになります。「8レベルシフトテクニック」と呼んでいるのは、肉体を含めて8つのレベルの「体」があるからです。

そしてこの同心円から離れたどこか不特定の空間に出ることは、メタポジション、いわゆる俯瞰的なポジションに出て客観的な立場になることを示すとともに、自分から最遠のフィールドであるモナド体をも超えた〈源〉に入ることを意図しています。

肉体を持ってこのアクションを行うと、あなたの潜在意識は〈源〉の空間を認識するでしょう。もしかしたら、あなたは「何も考えない」ということを体験するかもしれません。後から「あのとき感じたものがそうなのかもしれない」と、言葉には表しにくい何らかの感覚が出てくる可能性もあります。

しつこいほど繰り返していますが、〈源〉とはあくまでも本書のために便宜上、文字にして説明しているだけで、名前をつけることも定義することもできません。いったん何かにしてしまえば、「それ」は「それ」ではなくなってしまうからです。名前のない、定義できないものであるからこそ、「8レベルシフトテクニック」を行うたびにあなたは違う体験をすることでしょう。

ここで受け入れるネガティブなエネルギーを具体的にせず、曖昧に表現しているのは、「8レベルシフトテクニック」を行うそれぞれのタイミングで適切なネガティブエネルギーのパターンを勝手に拾って受け入れるようにするためです。したがって、いつでもこのワークをしたいと思ったときに始められますし、頻度を問わず何度実践してもまったく問題ありません。

サトルボディフィールドを歩く際の回り方の意味

「８レベルシフトテクニック」では、同心円状を右回り（時計回り）に回ることもポイントのひとつです。右回りにはどんな意味があるのでしょうか。

右回りにするか、左回りにするかというのは、よく議論になる点ですが、私はここで大事なポイントが取り残されているな、と思っています。

それは、**どこから見て右回り・左回りなのか**ということです。「すべては自分」なのですから、自分から見て右回りであれば、エネルギーは出ていきます。逆に自分から見て左回りであれば、対象物のエネルギーを抜いているわけです。この発想に基づけば、右回りというのは宇宙から見たらエネルギーが入ってくる方向になります。右回りで歩きながらワークをすることで、宇宙からあなたにエネルギーが入ってくるのです。

「8レベルシフトテクニック」を実験し体験したこと

数年前、私は独自のアカデミーを設立し、希望者に対して徹底的に学びを追求できる場を提供し始めました。そのアカデミーのごく初期段階である「0期」のメンバーの中でマスタークラスのレベルまで進んだ数名とともに、本書で初めて公表しているこの「8レベルシフトテクニック」を実験してみたことがあります。

すると、ワークを行っている最中にコーザル体のレベルまで来たとき、私の咳や涙が止まらなくなってしまいました。自分では特に何もネガティブなことを意識していないのに、私の身体が何かに反応したわけです。

コーザル体のレベルは集合意識の領域で、個人の意識のフィールドが隣接しています。もしかしたら、世の中に存在する混乱状態や悲しみを私の個人的無意識がひとりでに受け取って反応が出たのかもしれないと考えました。

そして驚いたことに、ほかの参加者にも似たような反応が出ていたのです。私たちはみなそれぞれ違った世界を生きていて、見えているものも受け取ることもそれぞれ違うはずなのに、コーザル体のレベルで似たような反応があったのは実に興味深い体験でした。こ

ご愛読者カード

ご購読ありがとうございました。このカードは今後の参考にさせていただきたいと思いますので、アンケートにご記入のうえ、お送りくださいますようお願いいたします。

小社では、メールマガジン「ナチュラルスピリット通信」(無料)を発行しています。
ご登録は、小社ホームページよりお願いします。**https://www.naturalspirit.co.jp/**
最新の情報を配信しておりますので、ぜひご利用下さい。

●お買い上げいただいた本のタイトル

●この本をどこでお知りになりましたか。

1. 書店で見て
2. 知人の紹介
3. 新聞・雑誌広告で見て
4. DM
5. その他（　　　　　　　　　　　　　　　　　　　　　　　　）

●ご購読の動機

●この本をお読みになってのご感想をお聞かせください。

●今後どのような本の出版を希望されますか？

購入申込書

本と郵便振替用紙をお送りしますので到着しだいお振込みください（送料をご負担いただきます）

書　籍　名	冊数
	冊
	冊

●弊社からのDMを送らせていただく場合がありますがよろしいでしょうか？

□はい　　□いいえ

郵便はがき

料金受取人払郵便

神田局承認

1916

差出有効期間
2025年7月
31日まで
切手を貼らずに
お出しください。

101-8796

509

東京都千代田区神田神保町3-2
高橋ビル2階

株式会社 ナチュラルスピリット

愛読者カード係 行

フリガナ			性別
お名前			男・女
年齢	歳	ご職業	
ご住所	〒		
電話			
FAX			
E-mail			
ご購入先	□ 書店（書店名: ） □ ネット（サイト名: ） □ その他（ ）		

ご記入いただいたお名前、ご住所、メールアドレスなどの個人情報は、企画の参考、アンケート依頼、商品情報の案内に使用し、そのほかの目的では使用いたしません。

のことからも、私がこの「８レベルシフトテクニック」を開発するにあたり、あらかじめそれぞれのサトルボディのエネルギーフィールドをリーディングしてみて、私が受け取った感覚的情報は適切だと思ったのです。

場を活用する意味とその重要性

身体・空間・潜在意識がリンクしていることを活用したＳＳＥの各種テクニックは、個人で実践していただくのはもちろんのこと、ワークショップなどで複数の参加者とともに行うことにも大きな意味があると私は考えています。

人が集まると、そこには場が生まれます。たとえばワークショップであれば、あるワークを学ぼうという意志を持った人たちが集まったポジティブな場が形成され、学びにとって理想的な空間ができあがるでしょう。そして参加者一人ひとりの潜在意識が場と共鳴し、相乗効果を生み出して、同じワークをひとりで実践したときよりはるかに大きな結果をもたらすことが多いものです。また、私は同じテーマのワークショップであっても、毎回その場の集団エネルギーをリーディングし、そのときの参加者一人ひとりに最適なサポートをするよう努めています。同じテーマのワークショップに何度か参加してくださった方が、毎回違った印象を受けたとおっしゃるのは、そういったアレンジが背景にあるためでしょう。

本書を含め、これまで出してきた著書の中では、私が開発したテクニックを詳細に解説していますので、もちろん本を読みながらひとりで実践していただき、変容を起こすことも可能だと思います。けれど、ひとりで実践したうえでワークショップに参加したところ、さらに大きな効果を実感したという方や、実際に動きなどを見ながらワークをすることで、テクニックの理解度が上がったと言ってくださる方も少なくありません。

そして、潜在意識は体験を覚えてくれるので、一度ワークショップという集団の中で学んでから改めて自宅で同じテクニックを実践してみると、集合意識の中で学ぶ前にそのテクニックを試してみたことがあったとすれば、ワークショップ前よりもはっきりした体感があったり、ワークショップ前と後での違いに気づいたり、新たな効果が出たりすることもあるようです。

2020年からのコロナ禍をきっかけに、世間ではオンライン講座などが目に見えて増えました。リモートワークショップでも集団の場を形成することは可能ですが、やはり身体が同じ空間にある方が、参加者のみなさんが受け取るエネルギーワークの効果は高いと私は感じています。

厳しい状況を乗り越えてみなさんと同じ場を分かち合ってエネルギーワークができることを嬉しく思うと同時に、そうしたご縁にも心から感謝しています。

禅の教えと「空の直接体験」

これまでに詳しくお伝えした「8レベルシフトテクニック」は、私たち一人ひとりが持つ多層量子場であるサトルボディの領域を自分の身体に近いところから順に体感していき、最終的には〈源〉を直接体験することを意図しています。

実は日本では昔からこれを試みていました。それが禅の教えです。

私は、禅というのはとても精神レベルの高い考え方で、純粋な場、つまり私たちがここで〈源〉と呼んでいるものを直接体験させる考え方だと思っているのです。繰り返しお話ししていることですが、私たちは「相対」から成るこの世界に生きていると、「絶対」の世界を体験することはできません。絶対を認識しようとすると、それは絶対ではなくなってしまうからです。よって、禅というのは、とにかく理屈抜きで直接体験させるためのひとつの手法なのではないかと私は考えています。

そうした手法の中に、曹洞宗の道元禅師（1200〜1253）が説いた「只管打坐《しかんたざ》」という教えがあります。只管打坐とは「ただひたすら座れ」という意味です。私たちのマインドは決して無の状態になっていることはなく、つねにおしゃべりしているというのは、気づいている方も多いでしょう。絶えず何らかの思考が浮かび上がってくるため、考えごとをせずに「ただ座る」というのは至難の業です。けれども、ただ「座る」という行いを試みる中で、自分のマインドあるいは深い意識に〈源〉、つまり本当の自分、自分とは何かを直接体験させることが只管打坐のねらいなのではないかと私はとらえています。

一方で、臨済禅には「公案《こうあん》」という手法があります。これはいわゆる禅問答で、白隠《はくいん》禅師（1686〜1769）の「隻手《せきしゅ》の声や如何に」などが有名です。「隻手の声」とは、「両手を打ち合わせると音がするが、片手の拍手とはどんな音か」という意味の問いかけで、修行者には瞑想を通じて自分なりの答えを探す中で〈源〉を直接体験させることを意図しているのではないかと私は考えています。

「片手の拍手の音」なんて、理屈で考えても決して答えは出てこないはずです。私が思うに、この公案のねらいは、論理的に考えてもわからないことを考えさせることで、修行者に理屈を超えさせることではないでしょうか。論理や理屈を超えさせることで、修行者を直接体験へ向かわせているのだろうと私はとらえています。

よって、「隻手の声や如何に」の答えを弟子たちが伝えに来たとしても、おそらく師が確認しているのはそれぞれの回答ではなく、弟子が直接的な認識、すなわち「空の体験」を認したかどうかではないでしょうか。それは師が見えない世界の弟子のエネルギーを見ているのかもしれないし、師自身の直感なのかもしれません。

曹洞禅・臨済禅のいずれも行き着くところは一緒で、それは「空の直接体験」なのではないかというのが私の個人的見解です。禅の解釈は人それぞれですが、私は少なくともこのように考えています。

こうしたことすべてを踏まえると、禅というのは**とらわれを超えていくこと**だともいえるのではないでしょうか。とらわれを超えるとはつまり、無意識のボックスを広げていくことにほかならないと私は考えます。無意識のボックスとは「とらわれている心」ともいえるでしょう。

第1章で図解したように、意識の世界を海と氷山にたとえたら、海の奥底にある、まだ意味を持たない命の源からさまざまなフィルターを通ってエネルギーが意味づけされ、この世界を形作っています。私たち一人ひとりの世界がそれぞれ独自のフィルターの組み合わせを経て具現化しているわけですが、これらのフィルターによって意味づけされているということは、すなわち何らかの意味の中にとらわれているということでもあります。こうしたとらわれを超えることは、意味づけのフィルターを超えて命の源を直接体験することだと私は考えているわけです。

「とらわれている」ということを題材にした禅の逸話も存在します。

曹洞宗の僧、原坦山《はらたんざん》（1819〜1892）について、こんなエピソードが残っています。あるとき、坦山は修行仲間とともに行脚《あんぎゃ》している最中、川に行き当たります。折しも水かさが増した川のほとりで、ひとりの女性が向こう岸へ渡るのをためらっていました。すると坦山は女性に声をかけ、背中におぶって川を渡ってあげましょうかと言ったそうです。女性はその好意をありがたく受け取り、坦山に背負ってもらって無事に川を渡ることができました。

ところが坦山に同行していた修行仲間は動揺します。本来、禅僧は女性に触れてはいけないはずなのに、坦山は禁を破ったことになるからです。しばらくして坦山に同行していた修行仲間は堪え切れなくなって坦山を非難します。「修行中の身でありながら女性に触れるとは何ごとか」と。

坦山は笑って答えました。「私はとっくにあの女性を下ろしているのに、おまえはまだ背負っているのか」

この逸話が私たちに伝えているのは、坦山自身はつねに「今ここ」を生きているのに対し、同行者は禅僧に課せられたルールに固執し、「今ここ」以前に起こった「過去の出来事」に執着し続けているということです。とらわれていない心というのは執着がなく、深くて柔軟な心だといえるでしょう。そして、とらわれていない状態とは、私たちが日常生活で陥りやすい「比較のわな」をも超越した状態だと私は思っています。

禅にはまた「身心脱落《しんしんだつらく》」という言葉もあります。これは道元禅僧が悟りを開いたきっかけとされている言葉で、簡単に言えば、あらゆる自我意識（エゴ）を捨て、身も心も自由な境地に達することのようです。

「こだわりや執着が落ちた」、「とらわれが落ちた」など、こうしたものが「落ちる」ことで私たちは自分がそれまで入っていたボックスを脱し、視界が開けるということではないでしょうか。これは別の言い方をすれば「気づき」です。

潜在意識領域にある無意識のとらわれのボックスを超えていくためには、直接体験がひとつのサポートになるだろう、ということを伝えている言葉なのではないかと私は考えているのです。

とらわれの心を変えていけば、個人的潜在意識のフィールドが変わるわけですから、ひいては地球の意識も変わるでしょう。**とらわれない心とはすなわち、すべてを受け入れる心であり、苦しみや悩みから解放されている心でもある**と私は思っています。

ポップ禅のすすめ

ここで見てきたように、禅にはいくつかの宗派があり、伝統的な素晴らしい教えを伝えています。本書では私個人の見解から代表的なものをごく簡単に紹介しただけですが、それでも「禅は奥が深く難解で、一般人には関わりにくそう」というイメージを抱いた方もいらっしゃるかもしれません。

ですから私は、これまでの禅から少し枠を広げ、次のような考え方を提案したいと思います。

禅とは直接体験することであり、すべてはあなたの中にあり、あなたの中にすべてがあり、そしてすべてが今ここにあるということなのだと。そして禅とはボックスを超え、とらわれ

を超えていくことだと。

これまでの伝統的な禅よりくだけた手法で禅の教えを追求できたらいいなと思い、私は「ポップ禅」というアイデアに至りました。ポップというのは「堅苦しくない」「カジュアルな」「枠を超えた」という意味だとここでは解釈しています。伝統的な禅の「ただ座る」という手法や教えだけではなく、今という時代に合わせてもっとくだけた考え方をしてもいいのではないかという思いを込めて、「ポップ禅」と名づけてみました。

私たち一人ひとりが「すべては自分」だと認識し、自分がいなければこの世界はないし、自分が変われば世界が変わると意識し始めれば、個人的潜在意識の変容が集合的無意識に波及し、やがては世界に良い影響を及ぼすのではないでしょうか。そして、あなたがそれを目指すとき、〈源〉を直接体験すれば、その考え方があなたの中でリアルになっていくことでしょう。

そこで、理屈や論理を超えて〈源〉を直接体験し得る手法として、このたび「８レベルシフトテクニック」のＳＳＥを発表しました。「８レベルシフトテクニック」のＳＳＥのほか、本書の付録にある「８レベルシフト瞑想」、ならびに既刊『ディヴァインコード・アクティベーション』（ナチュラルスピリット）や『きめればすべてうまくいく』に掲載している**一体化練習**でも同じ結果が期待できます。興味のある方にはぜひ実践していただければと思います。

私たち一人ひとりが「自分が何者か」を追求し、それぞれの発見に至り、それがこの世界に、地球に貢献することへつながれば、これほど嬉しいことはありません。

第3章

日常生活をより幸せなものにしていくための秘訣

日常は成長のチャンスに満ちている

この章では、日々の生活で私たちがネガティブな出来事に遭遇した際に陥りやすい感情をどう乗り越えていくか、私たち一人ひとりが幸せを生き、その幸せな波動を世界に広げることで世界に貢献していくにはどうしたらいいかについてのコツをいくつかお伝えします。

難しいことは何ひとつありません。むしろ、こんな簡単なことだったのかと驚く方もいらっしゃるでしょうし、その簡単なことに意識を向けてこなかったのはもったいなかったと思う方もいらっしゃるかもしれません。

すべてに共通する最大のポイントは、**①気づくこと、②受け入れること、③委ねること**です。これは順番があるものではなく、すべて同時に起きると言ってもいいでしょう。気づいてから受け入れて委ねることもあるでしょうし、受け入れて委ねたからこそ気づけることもあるからです。

私たち一人ひとりの人生において、ネガティブなことは必ず起きるという話は繰り返ししてきました。この世界が陰陽バランスで成り立っている限り、誰もネガティブなことを体験せずに生きていくことはないからです。

ここで注意したいのは、あなたの人生にネガティブなことが起き、あなたがそれに気づいたとしても、決して「自分が悪いからネガティブなことが起きるんだ」という発想に至らないようにするということです。

たしかに「あなたの世界はあなたが創っていて、すべてはあなた」なのですが、起こる出来事にはもともと**意味はありません**。それぞれの事象に対して意味づけしているのは、ほかならぬあなた自身だということを、どうか覚えておいてください。

第1章でお話しした、海に浮かぶ氷山（19ページの図参照）のたとえ話を思い出してみましょう。海中深くには、まだ意味づけされていない万物のエネルギーの源があります。そこからさまざまなフィルターを通って、ぼんやりと曖昧だったエネルギーが輪郭をとりはじめ、やがてはあなたの世界へ具体的な事象として現れてくるわけです。その事象一つひとつに意味はありません。それを体験したあなた自身が「いいことだ」「悪いことだ」などと独自に意味づけしているのです。

ひとつの出来事に対して、受け止め方は十人十色です。大切にしていたペンをなくして、「大事なペンをなくすなんてついてない。これからもっと不幸なことが起こるかもしれない」

と思う人もいれば、「ペンをなくしたことで厄が落ちた。あのペンはもう役目を終えたのかもしれないし、むしろこれから新しい何かが始まるかもしれない」と考える人もいるでしょう。たったひとつの「ペンをなくす」という出来事に対しても、真逆のとらえ方があるのです。このように、ある事象に対するあなたの感情やとらえ方が、あなたの体験を呼ぶともいえます。

私たちはこれまであまりにも罪の意識を刷り込まれすぎてきました。だからこそ、ネガティブなことが自分の身に起きると、自分の行いがいけないからかもしれない、自分のカルマが悪いからかもしれない、自分のあり方が悪いからかもしれない、自分の運が悪いからかもしれない、と自分を責める方向に行きがちではありませんでしたか?

そうではなく、**あなたの身の周りに起きたことはあなたにとって「成長のチャンス」**だと思ってみてください。「これを受けて私は成長できる」と決めてみましょう。そして、そうしたマインドに至るためには、同時に自己肯定感を高めていくことがとても大切になってきます。

起こった出来事に対してあなたが自己否定感や罪悪感を抱いたとしたら、そこには「自己肯定感が低い」というあなたのエネルギーパターンが隠されていて、もともとは意味を持たない事象に対して「これが起こったのは私がいけないからだ」とあなた自身が意味づけしているだけなのです。そうしたエネルギーパターンを変えていきましょう。

そのためにも、「すべては自分」という発想において成長していくとき、「私は自分を無条件に認めたい」とか「私は自分を受け入れても安全だ」「私は自分を受け入れながら成長していける」などというゴール文を設定し、「なほひふり」で自分の潜在意識を書き換えてみることをおすすめします。

私たちは自分の身の周りに何かが起き、それに気づかない限り、自分を変容させるチャンスを得ることはできません。だからこそ、あなたにとってどう見える出来事にせよ、それに気づくことが大切なのです。

そして実は、気づくためには自分を整えることがとても大切になってきます。自分を整えるには、『きめればすべてうまくいく』で紹介している「88の例文」が示す状態を「なほひふり」で自分の潜在意識に書き込むといいでしょう。
もしあなたが「自分が悪いからネガティブなことが起きる」「自分がいけないから私は不幸なんだ」などという意識をどこかに持っているとしたら、「なほひふり」で「私は自分が悪いと思っています。けれども、私はより良い自分になることを許します」「私は自分が悪いと思っていることを受け入れます。けれども私はより良い自分になることを認めます」

などという文章を使って、あなたの潜在意識を書き換えるのもいいでしょう。

自分を整え、気づきを得て、その気づいたことに基づいて「なほひふり」を使い、自分の潜在意識を書き換えられます。ネガティブな感情的要素が大きければ、「なほひかへ」を使ってそのネガティブなエネルギーを変容させることができます。あれこれ悩んでしまう前に、まずは理屈抜きでこれらのテクニックをぜひ使ってみてください。

気づくことで自分が持つパターンを把握する

自分の身に起きるアクシデント、あるいは不愉快な出来事などは、もし似たようなことが繰り返し起きるのであれば、むしろそれはチャンスです。類似した出来事が繰り返しあなたにやって来ることで、知らず知らずのうちにあなた自身の潜在意識が抱いていたパターンに気づけるのですから。一度それに気づいてしまえば、それに対処し、パターンを変えてしまうこともできるでしょう。

これはだいぶ昔、私自身に起きたことです。当時の私はあちこちのセミナーやワークショップに頻繁に参加し、学び続けていました。

あるとき参加したのは、ネガティブな感情エネルギーを解放するためのワークショップでした。その中で参加者同士がペアになり、ワークをする時間があったのですが、私がペアを組んだ相手が「私はポジティブシンキングを勉強しているから、絶対にネガティブなエネルギーを口にするようなワークはしない」と言い張るのです。ペアワークですし、相手になった私もやりにくいのでなんとか説得しようとしたのですが、その人は頑なにやろうとしません。まったく練習にならず、私は困ってしまいました。

やがて参加者の間を周りながら様子を見ていた講師がこちらへ近づいてきたのですが、なんと講師が私たちペアのそばにいるときだけ、私の相手の方はワークをしているふりをするではありませんか。しかし講師がその場を去ると、私のペアの相手は元通り「私はポジティブなことしかしない」の一点張りです。一連の流れに私はすごくいやな感じを抱きました。

そのワークショップは２日間にわたるカリキュラムになっていて、翌日も当然、前日と同じ参加者のみなさんに会うことになります。２日目、私がワークショップ会場に入ると、前日に私とペアを組んだ方が別の参加者にこんなことを言っているのが聞こえました。「あの人、昨日ペアになったんだけど、私がネガティブなことを言うように仕向けてきたんですよ。最低」

そんなことが聞こえてきたら、どう思いますか？　私は、その人は絶対に私のことを話しているんだと思いましたし、あえて私に聞こえるように言っているんじゃないかとさえ考えたわけです。本当にいやな体験でしたが、それでもその人とはこれを機に友達になるわけではないし、2日間のワークショップさえ終わればおしまいだと、私は自分に言い聞かせていました。

すると後日、まったく違う内容の別のワークショップに私が参加したとき、その人がいるではありませんか。私は反射的に、「うわあ、会いたくないと思っていた人にまた会っちゃった」と思いました。いやだなあ、憂鬱だなあと考える私をよそに、ワークショップは続きます。そのワークショップは参加者が多く、途中でグループ分けをすることになりました――おそらく読者のみなさんの予想通りでしょうが、私はその「いやだなあ」と思っていた人とまた同じグループになってしまったのです。同じグループになったということは、ワークショップの間は必然的にその人と話す機会があります。2度目のいやな体験に、私はまた「この人には本当にもう会いたくないな」と思いました。

しばらくして、私はまた別のセミナーに参加したのですが、なんとそこにまた「その人」

がいるのです。さすがにこのとき、「自分がこの人に会いたくないと思っているから会うんじゃないか」と、私は気づきました。

当時、私はあらゆるワークショップやセミナーを受講しにあちこち行っていたので、同じ人に別の場所で会ったとしても「この人もマニアなんだな」と思うくらいで済んだかもしれません。けれど、自分が「いやだな、会いたくないな」と感じている人に何度も出会い、しかも同じグループに振り分けられるなどということが起きたとき、さすがに私も気づいたわけです。

これら一連の出来事を経験しているのは私で、出来事や特定の人に対するネガティブな感情を隠し続けていたのも私でした。そこで私は、自分が抱いていたネガティブな感情を認め、心の中で悪態をつきました。これが、「自分が持っているパターンに気づき」「それを認めて」「ネガティブなエネルギーを発散」することになったわけです。

これを経て、私は「その人」のことが気にならなくなりました。この人にまた会うようなことがあってもいいや、と思うようになったら、不思議と「その人」に二度と会うことはなかったのです。

ここで私が実体験として学んだのは、自分にとっていやなことを経験したときに自分のネガティブな感情を隠したり、自分はネガティブな感情なんか持っていないと（本当は持っているのに）否定したりすると、ボックスに入ってしまうということです。ボックスに入ってしまったら、また何かしらの「気づき」がない限り、そしてネガティブな感情を打破しようとしない限り、そのボックスから出ることはできないでしょう。ですから、「気づいたら認めてあげる」というのはとても大切なことなのです。

気づき、認めたら受け入れる——引きこもりを脱した体験

もうひとつ、私自身のエピソードをお話ししましょう。これは先ほどのワークショップで会った人の話よりもっと昔、私が学生だったころのことです。

実は、私は引きこもりになったことがあります。どういうわけか外に出られなくなり、生活も昼夜逆転しました。理由は明確にわからないのですが、おそらく社会にうまく適応できなかったのでしょう。思えば、うつのような状態だったのかもしれません。

昼間は寝ていて、夕方くらいになると起きて、夜に外へ出る生活です。引きこもりといっ

ても食事はするので、夜中、適当にジャージ姿などで24時間営業の飲食店に行ったりしていました。そんな私の様子が不審に見えたのか、職務質問を受けたことさえあったのです。

やがて私は、その昼夜逆転生活は良くないなと思い始めました。周りの友人はみな昼間に起きていて学校へ行ったり遊びに出かけたりしているのに、自分だけひとり、あまりにも格好悪いなと考えたわけです。

そこで私は深夜のアルバイトを始めました。当時は夜中にテレビもやっていないし、どうせ自分は夜中に起きているのだから、アルバイトをしてしまおうと思い至ったのです。深夜のアルバイトは昼間より時給が高く、なによりあまり人に会うことも話すこともない。同じ時間帯に働くスタッフもほとんどいない。そのときの私にとっては快適な環境でした。

深夜にアルバイトをしようと決めたとき、私は自分の生活が昼夜逆転している状態を「良くないな」とは思いましたが、その状況に抗ったわけではありません。そのとき自分が引きこもりになっていることを**認めた**のです。

一般的に、自分あるいは周りの人やものごとが良くない状況になると、その状況をなんとか**しないといけない**、周りの人たちと同じに**しなければならない**と焦る人が多いでしょう。私のような昼夜逆転のケースなら、周りの人たちと同じように昼間起きて活動し、夜は寝なければならないと考えるはずです。「〇〇しなければならない」という表現は英語でいうところのmustであり、この言葉には強制感が伴います。強制感は抵抗感を生み出し、やがてそれは執着やこだわりになってしまうでしょう。

良くない状況を認識するのはたしかに「気づき」ではあるのですが、そこで「周りと同じにしないといけない」「これではだめなんだ」と思うことでエネルギーが滞ってしまいます。自分の人生はこんな惨めなわけがないと言い続けていたら、ずっとその状況から出られません。もし、自分の人生が惨めだと思うのであれば、決してそれを責めるのではなく、**まずは認めること**です。それを認めないということは、自分を責め続けているのと変わりません。自分や自分が置かれた状況を責め続ければ自己嫌悪に陥り、エネルギーが膠着し、ますますその状態から抜け出せなくなってしまいます。

私が開発した「なほひふり」のテクニックでも、まずは変容させたい状態を認めることから始めているのを思い出してみてください。認めて受け入れるとエネルギーは動かしやすくなります。そして、「○○しなければならない」という表現を「○○したい」(want)や「○○してもいい」、「○○することを自分に許す」などと言い換えていきましょう。

さて、引きこもりの状況は良くないと考え、深夜のアルバイトを始めた私は、その後どうなったでしょうか。自分の状況を認めて受け入れ、行動を起こしたからといって、何かが劇的に変わることはありません。けれども、深夜にアルバイトをする生活を半年ほど続けた私に、ある変化が訪れました。夜、眠りたくなったのです。

おそらく、私が引きこもりになったきっかけがうつのような精神状態で、身体のリズムがおかしくなっていたのでしょう。アルバイトをして身体を動かすことでリズムが戻ったのかもしれません。理屈などなく、ただ、夜眠りたいと思うようになりました。そこで私は深夜のアルバイトを辞め、夜眠るようになります。すると朝起きられるようになり、生活のリズムを取り戻すことができ、精神的にも余裕が出ました。これは多分、私自身のステージが変わるという、シフトだったのではないかと思っています。

引きこもりになって昼夜逆転の生活を送り、深夜のアルバイトを経て、夜は眠りたいと思うようになり、自然と周りの人たちと同じ生活リズムに戻って、人と話すことが苦ではなくなる――この一連の流れにおいて、私は「自分はこうしなければならない」という考え方を一切入れていません。

こうしなければならない、できないなんて自分はだめなやつなんだ、でもやらなきゃならない、なのにできない――という思考サイクルは、私たちが無意識に抱いてしまいがちな思い込みのボックスです。もし私があのときこのネガティブなループに入っていたら、引きこもりの状態から抜け出すことは難しかったでしょう。

私がこれまでに開発したテクニックは、私自身のこうした体験から得た気づきが基になっているものが多くあります。つらい体験があったからこそ効果の高いテクニックの開発に至ったともいえるかもしれません。

認め、受け入れ、委ねることの大切さ

自分の状況に「気づき」、「認めて受け入れ」ることのほかに大切なのは、委ねることです。特に「なほひふり」や「なほひゆい」「なほひかへ」などのテクニックをした後には、何かしら期待してしまいがちですが、ただひたすらすべてを委ねて過ごしましょう。

そして、委ねることに関して大事なことがひとつあります。それは、**エネルギーを整えていない状態のまま委ねない**ことです。

たとえば、「全部委ねればいいんだ、おまかせすればいいんだ」と言う人がいるとしましょう。そういう人が自分を整えずに「おまかせ」したとすれば、どういうことになるでしょうか？

おまかせというのは、自分の個人的潜在意識のエネルギーパターンに全部任せていること

とになります。「潜在」意識ですから、もちろんその人は自分の無意識下にどんなパターンがあるのか知りません。「自分なんか大嫌いだ」「自分が成長するためには人生でたくさんのつらいことを経験する必要がある」「自分は過去世で、楽しいことをしたら死んでしまうと思い込んでいた」などというパターンを持っているのだとしたら、それらが自分の人生に現れて体験することになるでしょう。

自分で決めて、自分の潜在意識を整えてから「おまかせ」にするのであれば、自分が決めたことが現れます。それをせずに、ただ任せてしまったら、自分が顕在意識で知る由もない運命に、自分が認識していないボックスに、自分の人生を任せてしまうことになるのではないでしょうか。

そして、こういう人たちもいます。自分の人生につらい出来事が起こったら、それは自分への「おためし」だと。「おためし」ってなんなのでしょう。その人は試されているのでしょうか？　試されているとしたらいったい誰に試されているのだろうか、と私はいつも思うのです。そして、こう問いかけたくなります。**それを体験しているのは誰ですか？**誰のための人生ですか？　あなたは何者ですか、と。

あなたの世界は、あなたが創っているものです。だとすれば、その人が「おためし」だと思っているものも、その人自身が創り上げ、自分の人生にもたらしているものではないでしょうか。

もし、「おためし」とは自分が成長するために来たものだとその人が思っていて、つらく苦しい思いをしてもそれを乗り越えたとしたら、ある程度の成長はあるかもしれません。けれど、それはあくまでその人がその時点で入っているボックスの中での成長にすぎず、そのボックスを広げたり、自分がシフトしたりする成長ではないと思います。

私が提案しているのは、私たち一人ひとりがシフトしていく成長です。私たちは誰もがみな自分のボックスの中で生きていて、それぞれの限られた思い込みや信念体系の中にいます。何かのきっかけで自分が入っている思い込みのボックスに気づき、自分を変容させることでそのボックスから出ると、新しい世界へ視野が広がるのです。このボックスの構造について知らない人が大多数なので、ほとんどの人は自分の人生に起きる一連の出来事を自分の運命だと思い、ずっと同じボックスの中で生きて、ボックスの中だけで成長を続けています。

私は、それは非常にもったいないことだと思うのです。すべては自分で、私たち人間はどんどんシフトしていけるし、自分が成長すれば、世界も成長します。今以上に楽しい人生を送れるチャンスを逃すのは惜しいと思いませんか？

手放すことでシフトが起こる

気づくこと、受け入れること、委ねることに加え、手放すことも重要です。人は何かにしがみついたり執着したりしがちですが、そうしてしがみついているものはボックスなので、そのままの状態では自分の置かれた状況は好転しません。

これは、また私自身の体験談です。今までにもどこかでお話ししているかもしれませんが、私は昔からとにかくスピリチュアルおたくと言ってもいいくらい、ありとあらゆるスピリチュアルや生き方についての書籍を買い込んでは読んでいました。それなのに、私が心血を注いで得た知恵や知識は実生活でまったく役に立たないどころか、そうした知識があるために、むしろ惨めな思いをすることがとても多かったのです。自分はこれだけ知識を蓄えたし、テクニックも磨いているのに、こんなはずはないと私は絶望し、あるとき自分が持っていた書籍をすべて処分しました。

すると、蔵書を捨てたことで、それまで自分が知らず知らずのうちに抱いていた書籍への依存心が明らかになりました。本に執着し、本に書いてあることに依存していたから、自分で決めることができなかったのだと気づいたわけです。

おかげで、その時点で自分が置かれていた惨めな状況は脱したのですが、実は私が蔵書を捨てたのは一度ではありません。その後、惨めな思いをしたり、人生に絶望したりする出来事が何度も起こり、そのたびに本をすべて手放しています。

この世界は陰陽のバランスで成り立っています。私が初めに蔵書をすべて処分してから、私の人生は当時の絶望的な状況を脱してシフトしたわけですが、一度シフトしたからといって、すべてが良いこと尽くしの人生になるわけではありません。シフトした新しい自分の人生でも、やはりネガティブな出来事はやってきます。そのたびに私たちは気づきを得て、シフトし、自分のボックスを広げていくのだと思います。

さらに言えば、私が手放したのは蔵書だけではありません。もうずいぶん昔のことになりますが、いわゆるブラック企業のような環境で心身ともに疲弊した私は、食べていくためのお金が2カ月分ほどしかなかったにもかかわらず、仕事を辞めました。そのときの私は不思議と「なんとかなる」という根拠のない自信を持っていたのをはっきりと覚えています。

ブラック企業を辞めてから、私は再就職活動を始めました。その結果、数社に採用通知をもらい、その中から自分で決めて入ったのが、その後30年関わることになる業界の企業でした。今、振り返っても奇跡のような展開ですが、私がそれまでの生き方を手放して自分のあり方を整えたら、自分に合った仕事が手に入ったというわけです。

ボックスを超えて成長していくには、受け入れること、手放すこと、そして深いところから信頼する（委ねる）ことが大切だというのは、私のエピソードからおわかりいただけるかと思います。

けれども、このとき入った企業に30年間在籍したかといえばそうではなく、そこから紆余曲折があり、さらに別の数社でお世話になりました。自分に合った仕事の業界に入っても、そこでポジティブなこと・ネガティブなことを経験し、また環境が変わり――そのたびに私の可能性はどんどん広がって成長してきたと思っています。

成長はひとつのボックスの中でシフトすることではなく、ボックスそのものを超えていくこと、広げていくことだというのが私の定義です。ネガティブなことが来たら気づきのチャンスですし、単に陰陽のバランスでネガティブなことがやってきたというより、自分が成長するタイミングを教えてくれるためにネガティブなことが起きていると考えるといいでしょう。だからこそ、ネガティブなことが来たら大きいチャンスで、大きな世界にシフトする兆候だと言っている人もいますし、私自身もそう思います。

気づいたときにとれるもうひとつの方法――「なほひゆい」

自分がネガティブな気持ちになっていると気づいたときに即使えるテクニックには、「なほひゆい」というものもあります。

簡単に説明すると、自分の中にネガティブな感覚を認めたとき、それが自分の身体のどこにあるのかを見極め、そのネガティブなエネルギーが具体的にどのようなものなのか特定して名前をつけ、それを取り出して浄化してから自分の身体に戻すか、もしくはエネルギーを特定したらそのまま自分の身体からリリース（分離）してしまうというものです。

特に後者の「ネガティブなエネルギーを特定し、そのまま自分から分離させる」という簡易版の「なほひゆい」は時間もかからないため、いやなことがあったらすぐにできると以前から好評でした。

そんな中で、Cさんという方から次のようなエピソードを聞かせてもらったことがあります。

Cさんは長年、職場で先輩からいじめに遭っていました。その部署に配置された初日から先輩にはほとんど何も教えてもらえず、教えてもらっていないためにCさんが知らなくてできないことがあると、先輩はそれについてイヤミを言うという理不尽な展開の連続でした。仕事ができないと自分も周りも困るからと、Cさんが勇気を出して質問するとため息をつかれたり、Cさんに教えるために何分無駄にしたかなどを大きな声で誰かに話しているのをすぐそばで聞かされたりもしていたそうです。

そんな毎日がつらくてたまらなかったCさんは、あるとき「なほひゆい」のことを知ります。私のワークショップにも何度か参加してくださり、「なほひゆい」を含めさまざまなテクニックについて学んだCさんは、先輩のいじめがひどくて我慢できないと思ったときに職場で席を外してトイレへ行き、簡易版の「なほひゆい」をするようになりました。

一日に何度も「なほひゆい」をすることもあったものの、あるときCさんは、先輩のイヤミがそれほど気にならなくなり始めていることにふと気づきます。先輩のイヤミな態度は相変わらずだったけれども、まるで広い川の向こう岸から石を投げられているような、何かこちらへ来ているけれども届いていないよ、というような感覚があったそうです。

それどころか、やがてCさんは、先輩が自分に対して少し優しくなり、人間味が出てきたようにも感じてきたのです。先輩に仕事の話をするのにも怯えていたCさんでしたが、そのころには先輩と雑談までできるようになったため、あまりの変わりようにとても驚きます。今まではつらかったけれど、この調子なら先輩とうまくやっていけるかもしれないと思い始めたころ、衝撃的な出来事がCさんの環境に起こりました。

なんと、その先輩が突然辞めたのです。その日は朝からお互いに職場でいつものように仕事をしていたのに、Cさんがふと気づいたときには先輩の姿はなく、夕方近くなってから「あの方は退職しました」と人事部に聞かされたそうです。

Cさんは「先輩がいなくなればいい」と思って「なほひゆい」をしていたわけではありません。ただ、Cさんの中にあるネガティブな気持ちをクリアリングすることだけを考えて「なほひゆい」をしていたところ、Cさん自身の状況のとらえ方が変わり、それまでつらいと思っていた先輩のイヤミを大したものではないと感じ始め、前向きな気持ちになることができていたのだそうです。

私は、これはCさんがシフトしたのだと思っています。Cさんがシフトして新しい世界に行き、新しいCさんの世界にはその先輩がいなかっただけのことでしょう。

このように、あなたがエネルギーワークをして自分のネガティブなエネルギーを解消すると、思いもよらない形であなたの世界が好転する可能性があるのです。

「なほひゆい」にご興味のある方は、既刊『きめればすべてうまくいく』で詳細な手順をご参照ください。

「それを感じているのは誰か？」——自分に戻る言葉

気づくことの大切さについては、本書を通じて繰り返しお伝えしていますが、自分が無意識のうちに持っているパターンに気づく以外にも、別の気づきのおかげで思いもよらない奇跡的な展開になる可能性もあります。

私が主催するアカデミーの受講生の中に、Ｄさんという方がいます。Ｄさんはある日、自分の親戚が重い病気になってしまったことを知ります。病状はかなり深刻で、Ｄさんはその親戚を思って胸が痛みました。

実はＤさんはヒーラーです。ヒーラーとして、Ｄさんは自分の親戚のためにヒーリングをしてあげたくてたまらなくなりますが、それを実行に移す前にアカデミーの開催日が来て、Ｄさんは私にこのことを話すタイミングがあったのです。

Ｄさんから話をひととおり聞いた私は、「親戚が重い病気で心配だというその気持ちは誰が感じているの？」とＤさんに尋ねました。Ｄさんがヒーリングをしてあげたくなったということは、Ｄさんが自分の親戚の病状に対して不安や心配を覚え、それを治してあげたいと思っているということです。そこで、実際に親戚の方に対してヒーリングを行う前に、

「つらそうだな、かわいそうだな、なんとかしてあげたいな」と思っているDさん本人のエネルギーを整えることを私はすすめました。

Dさんは私のアドバイス通り、まず自分を整えました。すると後日、Dさんの親戚の方の病状が驚くほど回復したという知らせが入ってきたそうなのです。心を痛めるほど深刻だった症状は嘘のように消え、Dさんがヒーリングをする必要はまったくなくなりました。まさに奇跡としか言いようのない展開です。

ものごとの感じ方、とらえ方は人それぞれ異なりますが、**「それを感じているのは誰か」**にフォーカスすることで、自分を変えていくことができます。何かが自分の身の周りに起こったとき、その「何か」のせいで自分は腹立たしく思った、悲しくなった、など、私たちは周りのせいにしがちかもしれません。たしかにそれは外的要因のために生まれた感情なのですが、ここで重要なのは**「それを感じているのは誰か」**です。これを意識することで、自分の目の前に現れた世界は自分が意味づけしているのだ、すなわちすべては自分であり、すべては自分に戻るのだという気づきが生まれます。それに基づいて自分自身を整えることで、自分の周りも整うことを実感できる展開になる可能性も大いにあるわけです。

第1章で触れたように、あなたが認識・体験していることは、あなたの潜在意識エネルギー（原因）の現れであり、それをあなたは世界の出来事（結果）として体験しているわけなので、まずは原因たるあなた自身を整えることで、あなたの世界に現れる結果がおのずと変わってきます。Dさんの身の周りに起きたこの奇跡的な出来事は、ネガティブなことを「Dさん自身が感じ・体験している」のだと気づき、「すべては自分」であるという考え方に基づいて、見えない世界にある自分のエネルギーを整えた結果が、Dさんの世界に形として現れて体験した例だといえるでしょう。

ポジティブな波動を世界に広げる

では、反対にポジティブな出来事があなたの人生にやってきたら、どうしたらいいと思いますか？

ポジティブなことがやってきたら、それは世界にお返ししていきましょう。あなたがいるから世界があり、世界を認識しているのはあなたです。あなたがポジティブなことを体験したら、それを世界に広げてあげましょう。

あなたが体験した嬉しいこと、楽しいこと、ありがたいと思うこと、それを世界に対し

「どうもありがとう」という感謝の波動として広げてください。すべてはあなたなのですから、自分のポジティブな感情を広げてあげるだけでいいのです。

第1章でお話しした、海に浮かぶ氷山の図（19ページ）をここで再び思い出してください。氷山にネガティブなものが含まれていたら、やがてはそれが海に溶け出してネガティブな影響が広がってしまいます。ネガティブなものが溶け出す前に氷山自体から解消してしまえば、海に拡散させずに済むでしょう。そして逆に、ポジティブな感情の場合は海という世界に広げてあげればいいのです。

こうしてポジティブな感情を世界に響かせることで、実は本当の意味での引き寄せの法則が働きます。ポジティブな出来事に対してあなたがポジティブな感情を抱いていると、あなたの中のポジティブなエネルギーに共鳴して、あなたの世界にさらに幸せなことが起こってくるのです。

なお、引き寄せというのは波動共鳴のことですから、決して良いことばかりが引き寄せられるわけではありません。あなたがネガティブな感情を抱き続けていれば、その波動がネガティブな出来事となってあなたの前に現れます。私が昔、会いたくないと思っていた人にさまざまなワークショップで繰り返し遭遇してしまった（95〜97ページ）のは、これが原因でしょう。

ネガティブなエネルギーは抱え込まずに解放することです。解放してしまえば、そのエネルギーはもう自分の中にないので、ネガティブなエネルギーに共鳴してネガティブな出来事があなたに起こる可能性は低くなります。そしてあなたがポジティブなエネルギーを世界に広げてあげることで、今度はあなたが宇宙やポジティブな波動と共鳴しやすくなり、あなたの前にポジティブな出来事が現れてきたり、あなた自身がシフトしやすくなったりするわけです。

このように、気づきというのは必ずしもネガティブな出来事に対してばかり大切なのではありません。あなたが今まで以上にポジティブな出来事にも気づいて意識し、感謝の波動を世界に広げることで、あなたの世界はますます素晴らしいものになるでしょう。

エネルギーワークをする際、何に焦点を当てるか

私のセミナーやワークショップに参加してくださったり、書籍を読んでテクニックを実

践してくださったりした方々の中には、エネルギーワークをすることに慣れてきた人も増えています。良い結果が出たと嬉しい報告をしてくれる方も多いのですが、中には「自分が行ったエネルギーワークが、思っていたのと違う結果になった。なぜそうなったのかわからない」と言う方もいます。

エネルギーワークをする際には、何にフォーカスするのか、自分はどんな結果を望んでいるのかをしっかり把握してから始めるのがコツです。そう言ってもわかりにくいと思いますので、私が報告を受けた例を3つ挙げて説明しましょう。

私の知り合いに、マラソンのコーチをしているEさんという方がいます。Eさんが関わっているのはマラソンという屋外の競技ですから、大会の日には当然、晴れてほしいと思うでしょう。

あるとき、マラソン大会の開催が迫っているけれども、まさに開催日に台風が上陸するとの天気予報になっていました。Eさんは、せっかくの大会の日に雨が降ったら困るからと、自分でエネルギーワークをしたそうです。すると、大会当日に台風が逸れて晴れました。けれども大会の主催者側に新型コロナウイルス感染者が出たため、せっかくの晴天にもかかわらず、その大会は中止になってしまったのです。

ここがとても難しいところです。Eさんがエネルギーワークをしたのは良かったと思いますが、意図をどこに向けるかが少しずれていたのだと私は考えました。

コーチをしているEさんにとっては、その日に「雨が降ること」が困るのではなく、「マラソン大会が開催されないこと」が問題だったわけです。雨にフォーカスしたエネルギーワークをすれば、雨が降るかどうかに対してエネルギーワークの効果が出る見込みはありましたが、雨が降らなくてもマラソン大会が中止になる可能性は、まだほかにもあったのです。

もし私がEさんから事前にこの件について相談を受けていて、「雨を降らせないようにする」とEさんが言うのを聞いたとしたら、「どうしてそうしたいんですか」と尋ねていたんじゃないかなと思います。そうしたらEさんは「マラソン大会が開催されてほしいから」と答えたでしょう。そこで私がさらに「雨が降らないことじゃなくて、マラソン大会が開催されてほしいというのがEさんの本当の願いじゃないの？」と、気づきを誘発できたかもしれません。

Eさんが「自分の本当の望みは何か」というポイントに気づけば、「マラソン大会の開催」という意図に焦点を当てたエネルギーワークをして、その先にまだ存在し得る、大会を中止させる要因を排除できたかもしれません。

このように、第三者である誰かの視点から気づきをもらうことができれば、問題解決のエネルギーワークは多少行いやすくなります。自分がどんな結果を望んでいるのかにフォーカスする考え方を身につけていないと、自分ひとりでこのポイントに到達するのは、最初は難しいでしょう。

2つめの例は、私のアカデミー生でFさんというお医者さんのエピソードです。あるとき、Fさんは新型コロナウイルスに感染してしまいました。Fさんは医師であるうえに、私のアカデミーに入る前からさまざまなヒーリング手法を学んでいる方なので、私が教えたものも含め、自分がこれまでに学んできたヒーリングテクニックを駆使して自分自身を治そうと試みます。ところがFさんは、自分がテクニックを施せば施すほど具合が悪くなっていくことに気づくのです。

そんなFさんから連絡がありました。メッセージを開いてみると、「光一さんから教わってるテクニックをやってるんだけど、全然良くならないんです」とあり、文面からはどうやら気を悪くしているような、怒っているようなニュアンスさえ伝わってきます。

私は、Fさんは医学の知識があることが逆に妨げとなって、ヒーリングでのアプローチの仕方を間違えているのではないかと考えました。

認識・体験している顕在意識の領域と、見えない潜在意識の領域ではアプローチするエネルギーが異なります。顕在意識の領域では、熱が出たら解熱剤を処方しますし、けがをしたら傷口を消毒したり、薬を塗ったりもするでしょう。目に見えて体験している顕在意識の世界では、それが当たり前のことになっています。

ところが、一歩間違ってスピリチュアル側に寄りすぎてしまったあまりに、物質的な薬や治療は症状が悪化するので、エネルギーヒーリングだけで治しましょうと言い出すような方も世の中にはいます。それで症状が深刻化してしまうケースもままあるのですが、それは見えている顕在意識の世界での治療と、エネルギー領域で施す治療ではアプローチが異なることをよく理解していないからではないでしょうか。

量子場の世界は「原因の世界」です。原因の世界である量子場領域で病気を治そうとしたら、何が起こると思いますか？　量子場の世界で病気を治そうとするのは、「病気がある」と認めているのと同じことなのです。

Ｆさんの場合、目に見えない量子場の世界（エネルギーの世界）で自分の病気を治そうとヒーリングを行ったために、目に見える顕在意識の世界に病気が現れてきて、ますます具合が悪くなったのでしょう。

「健康になる」という方向性は、顕在意識の領域であっても量子場の領域であっても同じなのですが、具体的にとる行動は異なります。量子場の世界では「病がないというエネルギーの状態」を作っていくことが大事なのです。

けれども、それを実行する前に絶対必要なのがやはり**受け入れること**です。「これを治してやろう」とただ躍起になっても、その状態（世界に現れている結果）を受け入れずに抵抗しているのであれば、それは結果へのとらわれになっているので無駄に終わります。受け入れることで原因を変更できるわけです。そこで自分が今、病にかかっているということをまず受け入れましょう。認めて受け入れるとエネルギーが柔らかくなり、柔らかくなったエネルギーの状態で「私の病はすでに治っている」とか、「私の病はもう存在しない」とか、「私は健康だ」ということを潜在意識（原因）に伝えれば、やがて目に見える顕在意識の世界（結果）にそれが現れてくるでしょう。そしてそれが、その時点で自分が抱えているトラブルを解消するだけでなく、自分自身の成長というシフトをもたらしてくれるはずです。

まずは、自分がとらわれている状態に気づいて、それを抜け出し、それから潜在意識、つまり量子場の領域に働きかけることがとても大切です。

3つめの例を紹介しましょう。これはDさんのエピソードに似ていますが、展開はかなり違います。この違いが、宇宙はさまざまな形で私たちに応えてくれるという事例にもなっていると思います。

読者のみなさんは、「大切な人の具合が悪いので治してください」、あるいは「大切な人のために祈ってください、エネルギーを送ってください」というお願いをSNSなどでよく見かけませんか？　そうしたお願いの呼びかけに対して、祈りやエネルギーを送ってあげることは決して悪いことではありません。けれども、あなたがその情報を目にしたときにあなた自身が抱いた感情などについて、まず働きかけてみてほしいと私は思っています。

誰かが困っている、具合が悪くてつらい思いをしているなどとあなたが知ったとき、その人のために何かをしてあげたいと思った、その感情を体験しているのは誰ですか？　あなた自身です。まずはあなたが感じているその感情に対して、「なほひゆい」や「なほひかへ」を行ってみてください。

さて、この事例も私自身が体験したことです。正確には、私自身が見聞きした出来事と言った方がいいかもしれません。あるとき、私のセミナーに出席した方が、セミナー終了後に私のもとへいらっしゃいました。この方を仮にGさんとお呼びしましょう。お話を聞くと、Gさんの配偶者が私のことを知り、ぜひ代わりにセミナーに出てきてほしいとGさんに頼んだのだそうです。Gさんの配偶者ご本人は長く患っていて、もう何年も起き上がることすらできず、セミナーに出るのは不可能だから、Gさんが代わりにいらしたとのことでした。

配偶者を治してもらえませんかとGさんに頼まれたのですが、私はお断りしました。私はヒーリングを請け負っていませんし、そのセミナーでは「自分自身を整えてトラブルを解決へ向かわせる」ということをお伝えしていたからです。やや冷たく聞こえるかもしれませんが、Gさんの配偶者が長い間、臥せっていることと、そこから生まれる感情を受け取っているのは誰なのかということについて改めてGさんに考えていただき、その感情に対して、その日のセミナーでお伝えしたテクニックをGさんに使ってみてほしいと言いました。

すると後日、Gさんご夫妻に、とても著名なヒーラーの方がヒーリングをしましょうかと声をかけてくださったそうなのです。その方は、高い能力があるもののヒーリングを生業とはしておらず、そのためとても良心的な価格設定で、ごくたまに知り合いの紹介などでヒーリングを提供しており、Gさんご夫妻はもちろん面識などありません。けれどもGさんが自分の体験と感情に対してエネルギーワークを行ったところ、思いもよらないところから素晴らしいサポートが現れたのです。そして、そのヒーリングのおかげで、長く患っていたGさんの配偶者は治ったとの報告をいただきました。

このように、宇宙はどんな形で私たちに計らってくれるのか、まったく予想がつきません。ただひとつ言えるのは、相手や対象をどうにかしようとするのではなく、**それを体験して**

いるのは誰か――自分だ――ということに気づき、そこから生まれる感情に潜在意識のレベルでアプローチすることで、あなたの世界は大いにシフトしてくる可能性があるということです。

量子場を変容させる日常の知恵

ここでは、潜在意識に働きかけるコツを3つ紹介します。いずれも日常的なシーンを例にしており、すぐ活用できると思います。

1．内的会話に注意を払う

内的会話とは、私たちが心の中で自分自身に対して話しかけていることです。私たちのマインドは、静かでいることはありません。つねに何かしらのおしゃべりをしています。瞑想をしているときには雑念のない状態が理想的なのに、絶えず何かを考えてしまうのは、この内的会話です。

あなたが行っている内的会話の内容に、注意を払ってみましょう。どんなことを言っていますか？　私の場合であれば、「今日の夜、カツカレー食べようかな、ちょっと待てよ、昼にかなり重いの食べたじゃん、生姜焼き定食にしたじゃないか。じゃあカツを抜いてカレーにしようかな、でもカレーだってカロリー高いぞ。砂糖とかふんだんに入ってる……」みたいな感じだったりすることがあります。内的会話に注意すると、自分の思考パターン、考え方のパターンに気づきやすいのです。

たとえば、何か言うときに必ず自分を責める言葉を使う人がいます。そういう人の内的会話であれば、「今日、ちょっとチョコレートを食べようかな、だめ、あんたチョコレートなんか食べたら太るわよ、もっと自分に厳しくしなきゃだめよ」ということもあるでしょう。こうして見ると、だめ、だめ、絶対だめの連続です。

自分に対して「だめ」と言ったり、「自分はだめだ」など厳しい言葉を浴びせたりする人は、自分に対して厳しくしないといけないというエネルギーパターンを持ってる可能性が大いにあります。そういうパターンに気づいたら、「なほひふり」を使って、「私は自分につらく当たる傾向があります。けれども、自分にもっと優しくすることを許そうと思います。そして、そうなっています」とか、「私は自分につらく当たる傾向があります。けれども、私は自分に対して適切に優しくなります」などというアファメーションで、自分の潜在意識を書き換えればいいでしょう。ここで文に「適切に」と足したのは、人によっては「適切に」という条件を加えないと自分に甘くなりすぎてしまうかもしれないからです。「適切に」や「安全に」という言葉を入れることで、より自分に合った状態へ変容できるでしょう。

2. 思考を止める言葉を使う

あなたが内的会話に注意を払ったとき、もしそれがネガティブな思考や言葉のループであることがわかったら、そのループを止めましょう。自分はだめだ、何もうまくいかない、なんでこんなにいつもうまくいかないんだ、自分は運が悪いんだ、などと、内的会話がネガティブなループに入っているとしたら、あなたはそのネガティブなループに巻き込まれている状態にあります。ネガティブな状態というボックスに入り込んでしまっていたら、成長はまったく期待できません。

こうしたネガティブなループは、ある言葉を使って止めることができます。それは、**これでいいのだ、ありがとう、受け入れます**の３つです。逆説的ではありますが、この３つの言葉のいずれかを言うことで、「そんなわけないだろう」と気づけるわけです。

たとえば、これも私自身のエピソードなのですが、私は自家用車を車検に出すたびに何らかのトラブルや不備があり、車検業者に連絡してやり直してもらったり、無駄なやり取りが発生したりすることが頻繁に起こっていた時期があります。一度で済むはずの用件について何度も電話をかけたり、先方の折り返し電話に出られず再び電話をかけ直さなければならなかったり、イライラすることが立て続けに起こるのです。

「なんだよ、車検に出したら、また車を傷つけられて汚された。こっちから傷や汚れのことを連絡しても、うちでついたものではありません、お客さまがつけたんじゃありませんか、とか言って知らん顔されるのか、ふざけるなよ……これでいいのだ」

怒りの内的会話がループしているところへ「これでいいのだ」という言葉を挟んでみましょう。すると、即座に心の中で「これでいいのだ、なんて言えるわけないじゃないか」と思うはずです。これでいいわけがないと思った瞬間に、自分が陥っているループに気づいて出られます。

「これでいいのだ」の代わりに「ありがとう」や「受け入れます」と言っても同じです。車検に出した自分の車が傷つけられて返ってきた。ありがとう……なわけないだろう、そのまま受け入れ……られるわけないだろう、と気づけるわけです。

この3つの言葉を使って、「これでいいわけがない」、「ありがとうと言えるわけがない」、「受け入れたくない」という感情が出てきたら、それに気づいて対処すればいいのです。「なほひふり」を使って、「私は車検を受けると、車を汚されて返ってきます。けれども、私は車検を受けても何もないことを受け入れます」などと言ってエネルギーを書き換えることができますし、車検で起こった出来事に対する怒りなどのネガティブな感情エネルギーを「なほひかへ」でポジティブに変容させてもいいでしょう。私に起きたようなケースでは、「なほひかへ」の方がいいかもしれません。「なほひかへ」を行うことで自分のストレスが軽減されるからです。当然ながら、ただの「受け入れます」という言葉だけではストレスはダウンしません。

車検のエピソードでいえば、何度も同じ車検業者で本当にさまざまなトラブルがあり、私はそのたびにイライラして怒りをぶつけていました。けれど、私が状況を認めて受け入れていなかったために、車検に関するトラブルが繰り返し起きていたのだと思います。あるタイミングで私はこのループに気づき、「なほひかへ」でそのトラブルと私自身の怒りを認めて受け入れ、エネルギーを変容させました。するとその後、車検でのトラブルは一切なくなったのです。

ここでひとつ重要なポイントは、特に「なほひかへ」や「なほひふり」なのですが、**自分が向き合おう、解決しようとしている状況を変えようとしないことです。**「なほひかへ」や「なほひふり」をしたからといって、何かが変わることを期待してはいけません。「何かが起こる」と考えない方がいいので、エネルギーワークをした後は、ただすべてを委ねましょう。エネルギーワークをした後に重要なのは、ネガティブな事象からそれまであなたが受けていたストレスが軽減されていることなのです。

3．メタポジションの活用

メタポジションの「メタ」というのは、「超越した」とか「高次の」という意味です。メタポジションは、今ある状態を超越した位置であり、状況を俯瞰的に見られる位置を指します。

みなさんは、こんな体験をしたことはありませんか。急いでいるときに探しものをしていて、どんなにあちこち見てもそれが見つからない。諦めかけたとき、ずっと自分で手に持っていたことに気づく……というような体験です。

また私の身に起きたエピソードですが、こんなことがありました。京都へ出張したときのことです。私はいつも往復分の切符を購入して、帰りの切符はいつも同じ場所――財布の中に入れています。ところがこの日は、いざ帰ろうとしたときに切符がありません。新幹線の発車時刻は迫っているし、私は心底慌てました。

パニック状態になりながらも、私は心の中で「自分はなんて小さい人間なんだろう」と考えたりしています。たかが片道分の切符がないだけで、大した金額でもないだろうに、なぜこんなに慌てているのかと。けれども、もう私のマインドはパニック状態で空回りしていますから、切符がないはずはないんだと考え続けます。要は、私はその状況を受け入れていなかったのです。「切符がないわけがない」というボックスにとらわれ、そのエネルギーに縛られてしまっています。マインドは冷静さをすっかりなくしているので、自分は呪われているのかもしれない、生霊が持って行ったのかもしれない、そういうこともあり得るかもしれないと、とんでもないところまで私の思考は飛躍します。

しかし、物理的に切符を手に入れて東京へ帰る必要があるわけです。そこで私は、すでに買って持っていたはずの復路分の切符を諦め、新たに切符を購入しました。買い直した切符で改札を通り、ホームへ向かうまでに、私は何気なく携帯電話を見ました。すると、消えたはずの復路分の切符が携帯電話のケースに入っているではありませんか。

私は呆然としました。復路の切符を散々探している間に、私は携帯電話も見ているのです。けれど、携帯電話のケースに挟んであった切符は目に入りませんでした。そのとき、私は「復路の切符がない」という状況とひとつになってしまっていたから、自分が持っていた切符に目が行かなかったのでしょう。けれども、改めて切符を買い直したことでそのボックスから脱出し、最初から携帯電話のケースに挟まれていた切符に気づけたわけです。
もし何かの状況にとらわれてしまったら、誰しも冷静な判断ができなかったり、周りをきちんと見ることができなくなったりしてしまうと思います。そこで役に立つのがこのメタポジションです。

私が切符を紛失してパニックになったのを例にすれば、あのような状態になったとき、「気が動転している自分」が立っている場所を離れてください。一歩でも二歩でも、とにかくその場から物理的に離れます。パニックになっていた自分を俯瞰的に見られる位置に行くのです。そうすると、不思議と冷静になれるのがわかるでしょう。それまでの状況を超越したポジションに行き、先ほどまで自分がいた場所を見ればいいだけです。

実は、私たちは日常的にこれと似たようなことをしています。たとえば、あなたが喫茶店で誰かと話をしていて、相手がとても気に障ることをあなたに言ったとしましょう。カチンと来たとき、いったん冷静になるために「ちょっと失礼」などと言ってトイレに行ったりしませんか？ そうやって席を外すのは、その場から離れて自分が少し落ち着くだけですが、メタポジションに行くのは、場のエネルギーと一体化してしまっていた自分をそのエネルギーから離し、状況を客観的に見られる位置に行くという意味があります。

メタポジションに行く代わりに「ブレイクする」のも効果的です。ブレイクとは、付録2で紹介している別のＳＳＥ「チョイスワーク」で詳しく説明していますが、身体を揺りながら腕を振ったり、軽くジャンプしたりすることで、あなたと一体化しているエネルギーをあなたの身体から落とすというアクションです。これを行うと、場のエネルギーと一体化してしまっていた状態を壊せるので、あなたは状況を冷静にとらえることができるようになります。

私の切符に関しては二重の出費になってしまいましたが、もしあのとき自分がこれらのテクニックのいずれかを実践していたら、切符を携帯電話のケースに入れていたことを思い出し、買い直しを避けられただろうと思っています。私の切符の件はあくまで一例ですが、みなさんがこのメタポジションへ移動するテクニックやブレイクするテクニックを知っていれば、日常のトラブルの回避率は格段に上がるのではないでしょうか。

3行日記でポジティブなとらえ方の習慣づけをする

これは、自分の思考パターンを変えるために、寝る前に強制的に一日を振り返るというテクニックです。『きめればすべてうまくいく』でも、毎晩、日記をつけて自分を褒める点を3つ挙げるという、今回のものに近いコツをご紹介しました。

本書では3行日記をおすすめするものの、中身は自分を褒めることでも、自分がラッキーだと思ったことでもかまいません。この日記には、その日一日を振り返って、些細なことでもポジティブに受け止め、感謝で締めくくるという、ものごとのとらえ方のくせづけ・習慣づけをするという意図があります。これにはひとつ注意点があります。それは、同じことを二度と書かないということです。必ず毎日違うことを見つけて書きましょう。

この章の「ポジティブな波動を世界に広げる」のセクション（113ページ）でお話ししたように、私たちが自分の日常に起こるポジティブな出来事に気づき、そこから受け取るポジティブな感情や感謝の波動を世界に広げてあげることは、自分にとっても世界にとっても非常に重要なことです。何かが起きたときに心がポジティブなことに反応するよう、自分を訓練してみましょう。

リトリートの活用とネガティブなエネルギーから身を守る方法

リトリートとは、「日常生活を離れて自分のための時間を持ったり、心身ともにリラックスしたりすることで自分をリセットし、リフレッシュすること」という意味があります。具体的には自然に囲まれた環境でゆっくり過ごしたり、瞑想などで内観する時間をとったり、さまざまな方法が考えられます。

私は、このリトリートの機会を使ってパワースポットに行き、パワースポットの力を借りることをおすすめします。ＳＳＥの仕組みについて第2章でご説明したように、身体と潜在意識と空間はつながっているので、自分がパワースポットという良いエネルギーの空間に身を置くだけで、あなたの潜在意識が場のエネルギーと交流するからです。

そして、パワースポットの力をより効果的に取り入れるためには、自分の意図をしっかり持つことが大切です。せっかく良いエネルギーの場所に行ったのに、「私の現状をなんとかしてください、助けてください」など、依存したりすがったりするネガティブな気持ちでいると、せっかくのパワースポットからいただいた効果は一時的にしか現れないと思います。

訪れたパワースポットのポジティブなエネルギーを最大限に受け取れるよう、あなた自身がポジティブな気持ちを保ち、気持ちのいい空間から感じ取れる清々しい感覚を存分に味わったり、その場を訪れることができたことに感謝したりしながら、パワースポットを楽しむといいのではないでしょうか。

一方で、ケガレチなど、ネガティブなエネルギーが存在する場所に行かなければならない場合には、影響を受けないようにする対処が必要になります。

病院などは私たちの生活に必要な場所であり、病院に限らず、ネガティブなエネルギーを感じる場をすべて回避しながら生活していくことはかなり難しいでしょう。そこで、あなたがネガティブなエネルギーがあるかもしれない場所に行くときや、実際にどこかの場所を訪れて、気分が悪くなったり違和感を覚えたりしたときには、自分の潜在意識に対して「私はネガティブなエネルギーと交流しません」と宣言しましょう。もちろんこれは声に出さず、心の中で言えば大丈夫です。

第1章でお話ししたように、あなたの顕在意識は「あなた」という大型船の船長です。船長であるあなたが顕在意識で「ネガティブなエネルギーとは交流しないよ」と言えば、あなたの潜在意識はそれに従います。潜在意識の最大の役割は、あなたの命を守ることだからです。

イヤシロチにせよケガレチにせよ、「場」にコントロールされるのではなく、自分がそういった場の影響力を理解し、自在に活用できるようになることを私は提案したいと思います。

○・△・□

○・△・□とはいったい何でしょう？

これは、私の考え方のひとつである「Be、Do、Have」を表す形です。調和した形である○はBe（あり方）、方向性を表す△はDo（行動）、安定を意味する□はHave（所有）を示します。

一般的に、人生とはDoとHaveの繰り返しのようにとらえられていると思います。つまり、行動することが人生であり、行動することで人生において何かを得ていくのだと。あるいは、何かを得るために行動を起こすものだと。

私は、**人生とはまずその人のあり方が土台にある**と考えています。というのも、自分が行動したうえで現れてくる結果というのは、その人の潜在意識のあり方で大いに変わってくると思うからです。

たとえば、あなたが「自分は本当にだめな人間だ」と、自分のあり方について非常に強く思っていたとすれば、あなたがとったすべての行動がだめな方向に行く可能性があります。そして、そうした行動の結果を受けてネガティブな経験を重ねていくことになり、「自分はだめな人間だ」というエネルギーパターンがさらに強化されてしまうというわけです。

ですから、こうした結果を招かないように、まずはあなたのあり方を変えていきましょう。それはあなたの潜在意識、つまり量子場を変えていくということです。

私は自分のセミナーの間に参加者のみなさんに許可をいただき、エネルギーワークで参加者全員のあり方を整えています。その後、参加者のみなさんには「呼び水を差してください」とお願いしています。

呼び水を差すとは、新しい行動を起こすことです。私が見えない潜在意識の世界に働きかけて参加者のみなさんのあり方を整えたら、今度は参加者一人ひとりが新しいあり方の状態で今までに自分がとったことのない行動をとり、目に見えるこの世界に「自分は変わりました」というしるしをつけ、自分が変わったことを世界に宣言してもらう必要があります。そうすると、整ったＢｅで新しいＤｏを起こした結果、何らかのＨａｖｅがかなり起こりやすくなるというわけです。Ｂｅ、Ｄｏ、Ｈａｖｅはそういう法則になっています。

ここで多くの場合、参加者のみなさんは、「新しいこと」と言われたらどんな難しいことをしようかなと考えてしまいます。新しい自分として、何かに挑戦すべきなのかと思ってしまうのかもしれません。けれど、そんなに難しく考えなくても、世界にはあなたが未体験のことがまだたくさんありますよ、と私はいつもお話ししています。

新しいことというのは、たとえばコンビニに行って今まで食べたことのないお菓子を買って食べてみる、コンビニに行って今まで飲んだことのないドリンクを買ってみる、あるいはコンビニに行って今まではしたことがないけれどお釣りをレジの募金箱に入れてみるなど……身近で誰もが行ったことのあるコンビニという範囲でさえ、いくらでも「まだとったことのない新しい行動」は見つけられます。そんな簡単なことでいいのです。しつこいようですが、**重要なのはあり方を変えていくこと**で、それから先は勝手に起こってきます。

ところで、あるセミナー参加者の方からこんな報告を受けたことがあります。セミナーであり方を整えてもらった帰りに駅の階段から落ちたり、見ず知らずの人に絡まれていやな思いをしたりしたというのです。自分は整ったはずなのにネガティブな出来事が起こったのは、いったいどういうことなのかと気にしている様子でした。

私は、この方はセミナーをきっかけにシフトしたのだと思います。何度もお伝えしていることですが、シフトして新しいボックスの中で生きるようになったとしても、ネガティブなことは起こってきます。新しく拡大したボックスは、可能性と柔軟性が高まった世界です。そうすると、いきなりポジティブなことが起こったりもしますが、陰陽の法則は必ずつきまとうわけですから、ネガティブなことも当たり前のように現れます。場合によっては、この方のようにネガティブなことが先に出てくることもあるのです。

自分が変わったと思った直後にネガティブな出来事に遭ったら気になるのは当然ですが、心配することはありません。私は、これは人生の好転反応のようなものだと思っています。もしみなさんにも似たような展開があったとしても、ぜひそれを好転反応だととらえ、成長し続ける自分を楽しんでください。

自分のあり方を整える方法は、この章でさまざまな視点から提案しています。自分が抱いている信念体系を「なほひふり」で書き換えたり、ものごとのとらえ方を変えたり、とらえ方を変えるのが難しいと感じるときにはそのネガティブな思いを「なほひかへ」で変容させたり——本当にそんなことで変われるのか、と疑問に思ったとしても、「そうなるんだ」と思って試しにやってみませんか？　あなたが見ている世界が変容するかどうかは、すべてあなた次第なのですから。

「比較」という落とし穴を回避する

私たちは無意識のうちに自分と誰かを比較しています。これは私たちがこの世界で継続的な成長を目指す中で、最大の落とし穴と言ってもいいでしょう。自分自身をつねに誰かと比較している限り、私たちは決して本当の意味で自分の人生を幸せに生きることができていないからです。

「○・△・□」のセクションに出てきた○の意味を覚えていますか？　○とは「あり方」で、円は調和を表す形です。あなたが「○」であるとき、すなわち完全に調和しているとき、比較は必要なのでしょうか？

この世界は、ほぼ比較の概念で成り立っていると言っても過言ではないでしょう。私たちは幼いころから兄弟姉妹、はては親戚の中でも比べられ、学校では同年代の生徒たちと比較され続けてきました。よく比較されるのは、学業成績や身体能力、芸術的な才能などですが、容姿にまで至ることもあります。そして個人対個人だけでなく、企業の業績を同業他社と比較したり、母国を諸外国と比較したり――挙げればきりがありません。比較は私たちの人生に深く浸透しています。

たとえばこんなとき、あなたはどう考えますか？　本書で私が繰り返しコツをお話ししている「気づきと成長」についてです。人生でポジティブなこともネガティブなことも起こるという、シフトのきっかけになる原理は万人に共通なのに、「私は自分に厳しい性格だから、自分を許すのは難しい。だからなかなかシフトできないだろう」などと考えたりしませんか？

そんなことは決してありません。この原理は私たちみなに共通なのですから、どんな性格の人にとってもシフトのチャンスは平等にあります。私たち個人個人の成長というのはとても抽象的な形なので、「私には難しい」と考えた瞬間にあなたは別の誰かとあなた自身を比較してしまっているのです。

「自分に厳しい人はシフトするのが大変」というのは、比較の考え方です。人はみな、その人なりの成長ができるのに、「こういう人には難しい」「こういう人にとってはたやすい」と考えるわなに陥ってしまいがちです。こんな言い方をすると、これも比較になってしまうのですが、あなたが「自分に厳しい性格の人の成長は遅い」と思っていたとしても、もしかしたらそういう性格の人の方がいいのかもしれません。誰が、どんなタイプがいい・悪いではなく、その人はその人で丸ごとOKだと受け入れることがとても大事なのです。

比較は、超えるのが本当に難しい概念だと思います。自分が比較に基づいて考えたり話していたりすることにすら気づかない人もたくさんいます。先ほどの無意識に比較していた例でいえば、「自分は成長しにくいタイプの人間だ」というのはネガティブな感情ではありませんか？

ぜひ、自分を整え続けてみてください。自分を整えることで、あなた自身をシフトさせるヒントに気づきやすくなります。何かに対して自分がネガティブな感情を抱いていることに「気づけば」、あなたはその感情を使ってシフトしていけます。

成長するためには、気づきがとても重要な要素になります。自分がネガティブな感情を抱いていることに気づき、そのネガティブな感情はどこから来ているのか、ネガティブな感情を生み出した状況を見ているのは誰かということに注意を向ける――すると、**すべてが自分**だと気づくでしょう。

そして、これも気づきにくいことかもしれませんが、あなたが誰かの中に「自分にはない・できない」と思うようなことを見いだしたとき、実はあなたの中にもそれと同じ、もしくはそれ以上の個性の能力が眠っている可能性があるのです。それをあなたは体験しているんですよ、という言い方を私はしています。比較するのではなく、あなたが比較に基づく感覚でとらえているその状況を見ているのは誰ですか、それがあなたの中にあるということを、今あなたが抱いている感情が教えてくれているのではありませんか、と。

もしあなたが、自分が何かの点で人より劣っていると考え、ネガティブな気持ちになったとしたら、そのネガティブな気持ちを逆に利用してはいかがですか？　自分がネガティブな感情を抱いていることを認めてそれを変えてしまえば、自分が思っているより自分は優れているかもしれないと気づくような出来事が起こってくる可能性が高くなるでしょう。

そして、あなたが自分の個性を丸ごと受け入れるとき、あなたは比較というボックスを超えていくのではないでしょうか。比較の意識に気づけば調和を維持できます。とらわれのない意識状態、それはひとつの悟りだと私は思っています。

誤解を避けるためのI《アイ》メッセージ

私はよく「メッセージは受け取る側の気持ちが大切」と言っています。あなたがどんな意図で発言したとしても、それを相手がどう受け取ったか、どんな気持ちになったかが重要だからです。あなたは相手を傷つける気持ちがまったくなかったのに相手が傷ついてしまったり、あなたはただ自分の見解を述べただけなのに相手はあなたが意見を押しつけたととらえたりする可能性もあります。その極端な例が各種ハラスメントです。ハラスメントの場合、意図的なケースは多いかもしれませんが、中にはつい軽い気持ちで言ったことが相手を深く傷つけたり、世間一般でハラスメントにあたる内容であったりすることもあるでしょう。

そんなトラブルを回避するためにおすすめしたいのが、「Ｉメッセージ」で話すことです。ＩメッセージのＩとは「私」という意味の英語のＩで、あなたが何かの意見を言うときなどには「私はこう思うんだけれど」と、あなた自身が主語であり、あなたの主観を話しているという意図が相手に伝わるよう工夫して話すコミュニケーションを指しています。

たとえば、あなたが自分の好きなものの話を誰かにしていたとしましょう。あなたが「私、カツカレーが好きなんだ」と言い、相手が「えー、いやだあんなの」と返したら、あなたはどう思いますか？　あなたが好きなものや、あなたがカツカレーを好きであることを丸ごと否定されたような気持ちになりませんか？

相手は、あなたがカツカレーを好きなことを否定したつもりはないかもしれません。単にその人が脂っこい食べものが苦手だったり、辛いものが食べられなかったりしたためにそんなリアクションが出たのかもしれませんが、この言い方では一方的に相手を否定することになってしまいますし、会話もそこで途切れてしまうでしょう。「そうなんだ。私はあっさりしたものが好きなんだよね」などと言われれば、その人自身の好みを言っているだけだとわかるので、あなたは傷つかないはずです。

また、「えー、いやだあんなの」と言われたのに対してあなたが「ひどいこと言うね」と返せば、今度は相手があなたの言い方にカチンと来る可能性があります。あなたは相手の言いように傷ついたかもしれませんが、それを相手に伝えたいのであれば、「そんな言い方をされたら（私は）悲しいな」などと返せば、相手はあなたが傷ついたことがわかりますし、相手も自分の言い方にトゲがあったかもしれないことに気づくでしょう。

同じように、誰かが何かにチャレンジすることをあなたに相談したとします。あなたにはそれがとても無謀で確実に失敗するように思えたとしても「それは絶対だめに決まってるよ、やめなよ」とだけ相手に言ったとしたら、相手はあなたに頭ごなしに否定されたとか、自分がやろうとしていることをやめろと命令されたなどと思うかもしれません。あなたが「私はその方法だと心配だな」とか、「私は危ないと思うんだけど、ほかの方法はないかな」などと言えば、同じことを伝えていても柔らかく聞こえ、あなたが相手をコントロールしようとしているようには受け止められないでしょう。

私たちは、自分が意図している内容を相手がすべて察しながら自分の話を聞いてくれているものだと思いがちですが、実際には正確に伝わっていないことも多々あります。誤解が生じて縁が切れてしまうこともありますし、また逆に与えるつもりのなかった影響を相手に与えてしまうこともあるでしょう。Iメッセージという概念を覚えておくと、こうしたトラブルを避けられるうえ、相手の気持ちを考えて発言するくせをつけられると思います。

深く根づいた信念体系を超える

私たちはつねに何かしらのボックスの中で生きています。第1章でもボックスについてお話ししましたが、ボックスは必ず存在し、ボックスがあるからこそ、私たちはこの世界を認識し生きていられるのです。

ただし、そのボックスは固定化されたものではなく、あなたが成長するにつれ、広くなっていきます。自分が存在するボックスが広くなるということは、あなたの視野が広くなり、より多くのものに違った視点から気づくことができるようになるということです。

私たち一人ひとりが持つボックスには、必ずしも私たちそれぞれが独自に構築した認識だけが入っているわけではありません。家族や友人など周りの人から教えられたこと、メディアなどから知り得たことも知らず知らずのうちにボックスの構成要素になっています。その中には、世間一般では「常識」といわれているけれども、あなたの幸せに貢献しないことも含まれていたりするのです。

たとえば私たちみなが幼いころから受けてきた教育では、偏差値というものさしで個人がランクづけされ、そのために劣等感を覚えたり、自己肯定感が低くなったりしたという経験がある人も多いでしょう。実際、子どもたちがうつになっているとか、進学校の自殺率が高いなどという話もあります。

健康面では、遺伝的に自分はある特定の病気にかかりやすいかもしれないという心配や、病気になる可能性に対する恐れがつねにつきまとっていると感じている人もいるかもしれません。

美容という分野であれば、老いることは美しくない、太っていることは醜い、という信念体系やメディアの情報に苦しめられている人も多いはずです。

けれども、本当にそうなのでしょうか？

自分にとっての幸せな人生を生きていくために、本当にその一般的な社会通念があなたの助けになってくれるのでしょうか？　世間の常識に左右されるのではなく、**あなたにとっての真実とは何か**を今一度考えてみませんか？　自分にとっての真実について考えてみることで、あなた自身が「それが自分にとって本当だ」と思うエネルギーパターンに任せたり、自分にとっての幸せを新たに作り出したりしていけるのではないかと私は思います。

最後に挙げた美容の例でいえば、年を取らない人はこの世にひとりもいません。老いていくことは決してネガティブなことではなく、年を重ねることで知恵が増して、内面からの美しさが現れてくることが老化だ、素敵なことなんだ、というエネルギーパターンが私たちの中に強く入っていけば、年を取っていくことは祝福に変わってくるのではないかと私は考えています。

これまで世間一般に深く根づいてきた信念体系であっても、あなた自身がより幸せに生きていける考え方にシフトさせれば、それは量子場に良い影響を与えることになるでしょう。これは、あなた自身のためにも、量子場のためにも、そういう考え方をしてみませんか、という私からの提案です。

毎日新しい人生を生きる

私は、この世界は多層量子場で構成されていると考えていて、私たち一人ひとりが過ごしている一日は時間軸の上に並んでいるのではなく、揺れ動きながら点在しているものだととらえています。ですから、今日こんなことがあったから、明日はその続きが必ず起こる……とは限らないと思っているのです。

第1章で紹介した、ご家族を介護施設に入れてあげたいのに長い順番待ちがあったAさんのエピソードは、まさにこの例でしょう。ある日いきなり、申し込み100人待ちが解消されて、入所手続きに来てくださいと連絡があったのですから。

また、私が電車の中にかばんを置き忘れて下車してしまい、駅員の方に相談していたまさにそのとき、後から来た電車に乗って私のかばんが追いかけてきたという驚きの出来事もそうです。

パラレルジャンプが起きる可能性はいつでも、どこにでも、誰にでもあります。私たちは日々、量子場を歩いていて、一日一日どころか瞬間瞬間にも違う世界へジャンプしている可能性すらあるからです。

そこで、朝起きたらまず「今日は最高の一日だった」と宣言してしまいましょう。私たちの目の前には毎日、新しい人生、新しい世界が広がっているので、これから自分が過ごす一日は、昨日とは違う新しいパラレルワールドでの一日で、何があったとしても良い日なんだと決めてしまいましょう。

「今日は最高の一日だった」と朝いちばんに言ってしまうのは、時間軸は人類共通の概念ではあるものの、実際には過去も現在も未来も「今ここ」にあるので、これから始まる一日についてもすでに「最高だった」と言ってしまっていいからです。過去形で言うのに違和感がある人は、代わりに「今日は最高の一日です」と言ってもいいでしょう。いずれにしても、あなたが送る一日一日は最高なんだ、と決めてしまうことをおすすめします。

エゴを簡単に超える宣言

エゴを超える宣言は、自分という個を超越したところから世界を慈しむことです。**「世界が平和でありますように。生きとし生けるものが幸せでありますように」**と、ただ祈ってみましょう。自分のことを除いて祈っているようでも、「世界は自分で、すべては自分」ですから、あなたの祈りはあなた自身に返ってきます。

エゴを超えるということは自由になることに近いので、「生きとし生けるものが幸せでありますように」と言うことで自分が楽になったりもするでしょう。

とはいえ、自分がつらい思いをしていたり、悲観的になっていたりするときに、周りの幸せを祈ることなんてできないと思うかもしれません。それは人として当たり前に出てくる感情です。けれど、たとえ心から人の幸せを祈れなかったとしても、言葉にするだけでかまいません。あなたがつらいと感じていたとすれば、それはあなたのエゴとつらさが同一化しているからです。そこで、あえてそのボックスから出るために、自分を入れずに「世界」や「生きとし生けるもの」の幸せを祈ってみましょう。そうすればあなたはエゴを脱することができるので、気持ちが楽になってくるはずです。

そこまで到達したら、「なほひふり」や「なほひゆい」など、さまざまなテクニックを自分に使うこともできるでしょう。つらさとエゴが一体になっているときには、そうしたテクニックを実践する気にもならないものです。

私たちがどんなに成長したとしても、ネガティブなことは必ず私たちの人生に起こります。ネガティブな出来事は自分の成長のために使おうとあなたが決めれば、あなたは日常生活でいくらでも上昇していけるのです。

この章では、私たちが日常生活において出会いがちなトラブルやネガティブな出来事をどのように乗り越えていくか、どうしたらネガティブな出来事に対するとらえ方を変えていけるのかについて、実例を交えながらお伝えしました。

人生でネガティブなことがまったく起きないという人は、この世にひとりもいません。陰陽の法則で成り立つこの世界で生きていくうえでは、ポジティブなこともネガティブなことも必ず体験することになります。その中で気づきを得てシフトし、自分のボックスを広げ、あなたが喜びと感謝の波動を世界に広げることで、量子場的にこの世界に貢献していけるでしょう。

つらいことや悩みを抱えている人が、私のところへ助けてほしいと来ることがあります。私はそういう人たちをサポートすることはできますが、助けることはできません。その人を助けられるのはその人自身だ、というのが私の考え方だからです。必要な方に私のサポートが届くように願いながら、本書を含めたこれまでの著書を出し、ワークショップやセミナーなどを行ってきました。でも、最終的には、その人を救えるのはその人自身だけです。「救世主」は、私たち一人ひとりの中にいるのだと私は思います。

第４章　世界の調和に貢献し得る縄文マインド

日本人のマインドの奥底にある調和

この章では、私たち日本人のマインドの奥底にあるものについて、私の考察を交えてお話ししたいと思います。

みなさんは、こんなことを耳にしたことはありませんか。私たち日本人は無意識のうちに他人と調和するような生き方や振る舞いをしていると。たとえば災害などの際には、暴動などは皆無といえるほどで、見ず知らずの人たちにも手を差し伸べて助け合っています。そのような有事でなくても、公共の場では行列に並んで順番を守る、混雑した通路では周りの流れに合わせて整然と歩くなど、私たちは当たり前のようにしていませんか？

もちろん、世界のほかの国や地域でも、そうした人は数多くいるでしょう。しかし、私たち日本人の調和のとれた振る舞いは、海外では驚きをもって報道されたり、称賛されたりもしています。

また、たとえば飲食店であなたと同行者が会話していて、ふと「もしかして自分たちは騒がしいのではないか、周りに迷惑をかけているのではないか」と気になった経験はありませんか？　もしそんな経験があったとしたら、あなたはどういうきっかけでそう感じたのでしょう。周りにいるほかのお客さんに苦情を言われたわけでもなく、睨まれているわけでもなく、なんとなくその場の雰囲気で察したというケースが多いのではありませんか？

　私たち日本人は見えない世界や、言葉に出す前の世界を感じ取る能力が高いと私は思っています。「空気が読める」「行間を読む」と言われるのが、この能力にあたるのではないでしょうか。これに関連して思い出すのは、欧米の人たちがマスクを着けることに大きな抵抗がある理由のひとつは、感情の出やすい口元の表情を見て相手の気持ちを推し量っているからだという説です。片や日本人は目元の動きを見て相手の真意を汲み取っているため、口元が隠れていてもさほど支障がないのだと聞いたことがあります。そして、口元は意識的に口角を上げ下げして感情を表に出せるのに対し、目に出る感情は意識でコントロールするのが難しいものです。マスクを着ける日常になる以前から私たち日本人が目を見て相手の気持ちを読み取っていたのであれば、たしかに「空気を読む」力が優れているといえるのではないでしょうか。

　また、面白い例としては、渋谷のスクランブル交差点など、おびただしい数の人が急ぎ足で渡る中、スマホを操作しながら歩いていても誰もぶつからない様子を見た外国の人たちが、冗談なのか本気なのか、日本にはまだ忍者がいるようだ、と言ったりもしているようです。それだけ私たちの「周りと自然に調和する」生き方は、私たちの奥深いところにずっと昔から息づいているのでしょう。

私たちをそうした調和的な振る舞いへ導くものとは何でしょうか。日本人の霊性と、そこにあるものは何なのかを考えたとき、私は「縄文」に行き着くのではないかと思うのです。それは日本人のマインドの奥にある「縄文マインド」とも呼べるものではないかと私は考えています。

「縄文」と聞くと、みなさんは何を思い浮かべますか？　一般的に私たちが学んできた縄文時代は、紀元前1万3千年ごろから約1万年以上も続いた、狩猟を中心としていた文明です。しかし、最近の研究では、縄文文化というのはもっと違った側面を持っていた可能性があるということがわかってきました。

明らかになりつつある研究結果では、たとえば1万年以上続いた縄文時代は、その歴史を通じて平和が続いていた可能性が出てきました。縄文時代に人が争った形跡が見つからないのだそうです。それどころか、放射線分析の結果、縄文時代には身体に障害を持っていた人が90歳くらいまで生きていた可能性すらあるようです。

現代に生きる私たちからすれば、縄文時代の生活環境は今よりもっと過酷だったのではないかと想像するでしょう。そんな中で、身体に不自由がありながらも長寿の人がいたというのは、そうした人たちを共同体で支え合っていたからだと考えてもおかしくありません。

縄文文化についてはは研究中のことも多く、断定することはできませんが、仮に身体に不自由がある人たちを支えながら暮らしていたとすれば、そういうことができていた人たちの内面性とはいったいどのようなものだったのでしょう?

自分とは異なる生存能力の人たちを率先して支える――これは**比較を超えた世界**ではないかと私は思います。比較や競争、競合というのは、人類が非常に長い間抱いてきた強いエネルギーパターンで、それがタマネギの皮のように何層にも重なっているように私には感じられるのです。そんなエネルギーパターンのさらに奥深いところには、比較や競合を超えた世界があり、それが縄文マインドの世界ではないだろうかと私は考えています。

縄文が比較や競争という考え方を超越し、共存・共栄していた文化だとすれば、私たちはこの現代において、この縄文マインドに倣い、縄文マインドへ立ち返ることを目指すのはどうでしょうか。

世界が混迷の中にある今、この時代に合った形で縄文マインドを取り戻していけば、私たちは世界の変容に貢献できるのではないかと、私は考えています。そう考える背景について、少し説明しましょう。

今の時代に沿った縄文マインド

縄文時代は紀元前1万3千年ごろから約1万年以上も続き、その間には争いごとの形跡が見つからないくらい、平和な時代だったと推測されています。しかし、縄文時代に続くさまざまな時代には、争いや戦いの記録が多いように思いませんか？

私は、時代というのは私たち人間と同じでリズムを持っていると思っています。ネガティブなことが多い時代もあれば、ポジティブなことにあふれた時代もあり、そうした変遷の中で人類は成長し続けてきたのではないでしょうか。そして、そんな人類と同様に、世界もポジティブとネガティブの繰り返しを経て進化していると思います。

「はじめに」でも触れたように、私たちは今、混迷の真っただ中にいます。けれどもそれは、大多数の人が「大変な時代だ」と意味づけして受け止めているからでもあるでしょう。ここまで繰り返しお話ししてきたように、あなたがネガティブだと感じることが起きた場合、それを受け入れ、あなたのシフトのチャンスとして活かせます。

そして私たちが「大変な時代」に生まれたということは、この世界での私たちの役割が大きいということでもあるでしょう。大変な時代だからこそ、今ここにいるあなたは世界に貢献していけるのだと私は思います。「時代が悪いから私もうまくいかないんだ」「時代が私を幸せにしてくれないと困る」などと考えるのは、時代に翻弄されているのと同じことです。こうした絶望を感じている人というのは、「結果」に絶望していると言い換えられるでしょう。第１章からお伝えしてきたように、この世界というのはあなたの潜在意識のエネルギー（原因）が形となって現れたもの（結果）だからです。あなたがこうして生きてそれを認識している限り、いくらでも変えていけます。

私たちは環境の犠牲者ではありません。環境とはすなわち、私たちが目にしているこの世界の事象で、私たちの潜在意識エネルギーの現れです。どんなに過酷に思える環境に置かれていても、その環境を活用することで私たちは成長していけます。そして私たち人間には選ぶ力と決める力があると私は繰り返しお伝えしていますが、今こそ私たち一人ひとりが成長を選び、自分に立脚するという、禅に近いマインドで自分のあり方を整えて生きることを提案します。そうすることで、あなたは世界に貢献していくことができるでしょう。

今、私たちが生きている現代は、精神性と肉体が調和していく時代だと私は考えています。縄文の調和した生き方は大いに参考になりますが、決してかつての縄文へ戻るのではなく、縄文に学び、縄文の知恵や知識を使って新しい時代を作っていくのが今なのではないかと、私は思っています。それはいわば「ネオ縄文」とも呼べる、新しいスタイルです。

研究やリーディングから垣間見える縄文と、そこから続く文化

本書の執筆にあたり、私は縄文のエネルギーをリーディングしてみました。本書の内容には、最近研究で明らかになってきた縄文文化の様子に加え、私がリーディングで受け取ったエネルギーについても含まれています。

そんな中で私は縄文の人たちが自然とともに生き、自然と心を通わせていたようだと感じ、それが時を経て、すべての存在に神を認めるアニミズム、そこからやがては古神道へと、連綿と伝わっているのではないかと思いました。そして、縄文マインド・アニミズム・古神道が混ざり合って登場したのが「禅」なのではないかという気がしています。

縄文時代については、特に最近明らかになりつつある研究結果の中に興味深い点が数多く見られます。先ほども挙げた、社会的弱者を支援するような生活をしていた様子があることに加え、青森にある遺跡では夏至の日に人々が集合していたような形跡があるという話も聞きました。世界各地にも夏至や春分などの節目を祝っていた形跡がありますが、縄文の人々はいったいどうやって夏至を把握し、集まることができたというのでしょうか？

また、そうして特別な日に特定の場所で集まっていたとしたら、それはいったい何のため

だったのでしょう？

私は、彼らは「祈る」ために集まっていたのではないかと感じています。そう推測したときに、縄文の人たちは何に対して祈っていたのだろうと考えてみるのも、私たちが今この時代で新しい調和の世界を実現していくためのヒントを与えてくれるのではないかと思うのです。

私は、縄文の人々は個人のエゴが現代の私たちよりも柔らかく、周りとの分離意識がそれほど強くなかったため、人と人との一体感があったのではないか、その結果、テレパシックなことも起こっていたのではないかと感じています。もし縄文の人々に時空間を超越した一体化意識があったとすれば、夏至など特定の日に決まった場所に集合することも難しいことではなかったでしょう。

そして、その一体化意識は人間同士に限られることではなかったのではないかとも、私は感じています。縄文の人たちは、ほぼ間違いなく自然とともに生きていたと私は思っているのですが、言い方を変えればそれは自然との関係性が親密で、自然と心を通わせることもできたのではないかということです。それはつまり、ここまでに私が話してきた「すべては自分であり、自分はすべてである」という意識ではないでしょうか？

もし、縄文の人たちがそうした意識を持って暮らしていたとしたら、彼らの文化はどんなものだったのか――食事は、教育や子育てはどうだったのか。音の使い方はどうだったのか、音楽はあったのか。音楽があったとすればどのようなものだったのか。人々が集合して祈りを捧げたり、何らかの儀式をしたりしていたとすれば、何に対して祈っていたのか。その際に舞などはあったのか。舞があったとすれば、どのように身体を使っていたのか――興味は尽きません。なぜなら、見えない世界である精神文化があってこそ、目に見える外の世界が現れるからです。

イギリスの生物学者で超心理学者のルパート・シェルドレイク（1942～）は、形態形成場理論というものを提唱しています。とても大まかに説明すると、この理論では、ある一定の割合の人々が「世界が平和である」とか「世界は調和している」などという意識を持った場合、世界が本当にそのように変わる可能性があるというのです。これはまさに、世界を外から変えていこうという試みではなく、自分のマインドを変えることで世界に影響を及ぼしていくという形ではないでしょうか。

シェルドレイクの理論に基づくなら、もしあなたが「自分は素敵な人生を送っている」と思えば、あなたにとっての素敵な人生というものをあなたの量子場が現実化してくるということです。そして、その「素敵な人生」という場が生まれるとき、あなたの周りにも幸せになっている人がどんどん出てくるでしょう。あなたが見ている「素敵な人生」の中で悲しんでいる人が減り、幸せな人が増えれば、それは当然あなたの世界に現れてくるはずです。

本書のエネルギーワークで私たちが働きかけたサトルボディのうち、コーザル体が集合的無意識の領域にあたります。つまりそれは、あなた自身のサトルボディがほかの誰かのサトルボディと重なり合う部分です。私たちはお互いに重なり合った部分から影響を受けますし、その影響は増幅されていきますが、どんな場合においても始点は自分になります。まず自分のあり方が基本になるというのは、そういうことでもあるのです。

また、私のリーディングでは、潜在意識領域において、縄文マインドと現代日本人のマインドとの深い関係性が見えてきました。縄文マインドとは私たち日本人の民族意識ですから、本書のテーマのひとつである多層量子場でいえば、これはコーザル体レベルにあたります。私は、この縄文マインドが現代日本人のコーザル体レベルの意識とかなり強くリンクしているのではないかと感じているのです。

シェルドレイクの理論では、私たち一人ひとりが「世界は調和している」という意識を持ち、その人数がある一定の割合に達した際、本当に平和な世界が現れてくる可能性があるとされているのは先に記した通りです。そこで、個人レベルのみならず、集合意識レベルにおいて平和で調和した意識、すなわち縄文マインドが広がっていったとき、世界中の人たち誰もが調和の周波数の恩恵を受けることになり、縄文マインドはさらに大きく世界に貢献するのではないでしょうか。

これは決して私たち日本人が、ほかの民族より優れているという比較論ではありません。けれども、私たちがほかに類を見ないような調和のあり方で自然にとる行動が、世界で驚きと称賛をもって報道されていることを鑑みると、諸外国が特別に取り上げて話題にしたくなるような何かが私たちに備わっているのではないかと思うのです。そして、そうした面に気づいて称賛してくれている海外の方々を見るにつけ、私たち日本人のあり方に共鳴するような調和のエネルギーが全人類の奥深いところにあるのではないかと私は感じます。

今、私たちが経験している混迷は、時代の転換期にあるというサインだと思います。そのタイミングにおいて個性ではなく調和が、自我の強さではなく自我の調和的拡大が、世界的に求められているのではないかと私は考えています。

だからこそ、私たち日本人が魂の奥深いレベルで知っているであろう、調和というあり方を世界に向けて広げていくことを、ここで提案したいのです。

そんなこと言ったって、本当に縄文時代が調和した時代だったかどうかわからないじゃないか、と言う方々もいるでしょう。おっしゃる通り、私たちは誰も本当の縄文のあり方を見たり体験したりできるわけではありません。けれど、「そうだったかもしれない」「そうだったと信じてみよう」と、この仮説を受け入れ、自分のあり方を整えてみても決して損はないはずです。

この仮説を受け入れたところで、縄文の「調和した生き方」を自分の世界に現すには、「なほひふり」で「私は調和というものがわかりません。けれども、私は調和ということを理解します」と宣言し、自分の潜在意識を書き換えることで、あなたの世界に調和というエネルギーパターンが存在するようになるでしょう。

縄文の文化についてはまだ解明されていないことも多く、研究中だったり、推測の域を出なかったりすることもたくさんあります。しかし、これまで歴史の教科書では学び得なかった新しい可能性が次々と見つかっているのは事実です。そうした新しい可能性からあれこれ想像していくのも楽しいと思いませんか？

私たち一人ひとりが幸せな人生を生き、調和した世界の実現に貢献していくとき、私たち日本人の魂の奥深いレベルに存在する縄文マインドが大きな力となってくれるかもしれません。祖先の代から私たちの中に脈々と受け継がれている調和のエネルギーを世界の量子場に広げ、シェルドレイクの理論のように、私たち一人ひとりが調和の世界を現していくことができれば、人類の深いところに横たわる調和が世界に現れてくることでしょう。

そうなれば、これほど素晴らしいことはないと思います。

付録1：「8レベルシフト瞑想」～7つのサトルボディを経て〈源〉を体験する瞑想～

ここでは、多層量子場の7つの領域レベルを体感するための瞑想をご紹介します。第2章の「8レベルシフトテクニック」を、実際にスペースを設けて実践することが理想的なのですが、この瞑想を行うことでも、7つのサトルボディ領域を経て、純粋な場である〈源〉まで行ってその感覚を味わい、再びこの世界へ戻ってくることができます。

このセクションは瞑想状態へと私が誘導する形で書かれています。まずは168～172ページの文章を読みながら瞑想していただき、慣れてきたら内容を思い出しながら目を閉じ、文章を読まずに自分で行ってみてください。

瞑想に入る前に、周りの環境を整えましょう。瞑想する部屋は薄暗くするのが望ましいです。昼間ならカーテンを引いたり、夜間なら明かりを落としたりしてください。椅子を用意し、ゆったりと座りましょう。深く腰掛けながらも、椅子の背もたれは使わず腰骨を立てて、骨盤の上に背骨がまっすぐに伸びて座っている状態が理想的です。両手は太ももまたは膝の上に軽く置きます。手のひらは上向きでも下向きでもかまいません。また、「8

レベルシフトテクニック」の実践時と同様に、お好みでリラックスできるような音楽をかけておくのもおすすめです。第2章で挙げたような、歌詞のないヒーリングミュージックや、川のせせらぎ、雨音、鳥のさえずり、虫の声などの自然音がいいでしょう。

それでは始めましょう。

体験してみてください。

今、床に足が着いていることに気がついてください。

床に足が着いていることに気がつき、そして椅子に身体を預けている感覚に気づいてください。

そしてあなたは、私の声を聞いています。

そして今、あなたは目をつぶっています。

目をつぶっていると、そのつぶった目がリラックスする感じが身体全体に広がっていくことを許してあげてください。

そうです。
どんどんリラックスすることを許してあげてください。
とても心地良くなっていくことを許してあげてください。

私が今から数を10から1まで数えていきます。数がひとつ減るごとに、もっと深く、もっとリラックスすることを感じていきます。
10、9、8、7、6、5、4、3、2、1……

心地良くくつろいでる肉体、身体を感じます。
身体がとてもリラックスしています。とても心地良くリラックスしています。

そしてその身体がもっと微細な体に広がっていきます。
肉体を今、認識し、そしてその外側へ、エーテル体レベルまで広がっていきます。
あなたの身体が広がっていく感じです。
エーテル体レベルまで広がっていきます。
あなたの身体は微細な体まで、今、広がっています。そしてもっと広がっていきます。

エーテル体レベルからもっと広がり、アストラル体レベルまで広がっていきます。
アストラル体レベルはものすごく広いフィールドです。
あなたの身体は今、アストラル体まで広がっています。
そしてもっと広がっていきます。

そしてもっと深く広がっていきます。メンタル体レベルまで広がっていきます。
微細な領域ですが、とても濃い感じがします。
メンタル体レベルまで広がって、そしてもっと広がっていきます。
集合意識レベルまで広がっていきます。

コーザル体レベルまで広がっていきます。
このフィールドは集合意識とつながっているレベルです。
あなたは集合意識の深いところと、今、アクセスしています。
コーザル体レベルとひとつになっています。そしてもっと広がっていきます。

ブッディ体レベルというフィールドまで広がっていきます。
これはいわばマスターレベルのエネルギーがある領域です。
あなたは今、ブッディ体レベルとひとつになっています。
そうです、すごく広がっています。

そしてもっと広がり、次はアートマ体レベルまで広がります。
本当のあなたの領域です。
あなたは宇宙のすべてです。とても広がっていきます。
とても広く、そして無限です。あなたが宇宙そのものであるフィールドです。

そしてもっと広がっていきます。
モナド体レベルまで広がっていきます。これは多元宇宙です。
あなたは宇宙とひとつ、そして多元宇宙ともひとつです。
すべての宇宙とあなたはひとつです。

そしてその先……

そして今、この肉体に戻ってきます。
そうです、肉体の感覚が戻ってきます。
私が今から1から10まで数を数えます。10を数え終わったとき、ゆっくりと目が開きます。
1、2、3、4、5……しっかりと身体の感覚が戻ってきます。
6、7、8、9、10……ゆっくりと目を開けます。
ゆっくりと目を開き、完全な幸せと健康を感じます。

いかがでしたか？　瞑想を終えたこの瞬間、空白のような感覚があったり、しばらくしてから「あれがそうだったのかな」という感覚がじわじわと湧き起こってきたりするかもしれません。それが〈源〉の直接体験です。空あるいはゼロの体験と言ってもいいでしょう。その感覚は、瞑想を行ったみなさん一人ひとりで異なりますし、理屈では決して理解できないものです。

本編でもおことわりしましたが、〈源〉とは文章にするために便宜上、呼び名をつけているだけです。森羅万象の基となる、意味づけされていない純粋なエネルギーとは、名前をつけた途端「それ」ではなくなってしまいます。固定された特定の意味や名前がないため、「それ」の体験は一人ひとり異なりますし、何度もこの瞑想をすれば、そのたびに違う体験をするかもしれません。それでもなお、まぎれもなく「それ」の体験なのです。

付録2：あなたの選択を支援する「チョイスワーク」

この付録では、ＳＳＥのひとつである「チョイスワーク」のねらいと実践方法についてお伝えしたいと思います。

私たちは人生において、つねに何かを選択して生きているといえます。休憩時の飲みものをお茶にするかコーヒーにするか、コーヒーにするならアイスにするかホットにするか、あるいは出かけるときにどの靴を履くかなど、非常に些細でありながら無数の選択に囲まれているので、普段の私たちは自分が選択の積み重ねで生きているとは意識しないかもしれません。

けれども、人生の岐路に立ち、もっと大きな選択を迫られたときなどは、そう簡単に決断を下せないのは、私たちみなに共通のことだと思います。こっちを選んだら自分の人生はどうなるんだろう、あっちを選んだら失敗なんだろうかなど、悩みは尽きません。

「チョイスワーク」は、私たちが何かの選択をする必要があるけれども、なかなか決断に踏み切れないときにとても役立つテクニックです。

「チョイスワーク」を行うための準備

まず、紙を5枚用意してください。この紙はどんな色でも、どんな大きさでもかまいません。「チョイスワーク」は空間を活用するSSEのひとつなので、5枚の紙はあなたが空間を移動する際の目印になる場所を示すためのものです。あなたが歩きながらそれぞれの場所を確認しますので、どこがどの場所なのか一目でわかりやすいような色と大きさの紙がいいでしょう。

5枚の紙それぞれに176ページの図「『チョイスワーク』のポジション配置」のように書き、床に置きます。

図の配置はあくまで一例です。使うスペースの都合次第で、これとは異なる置き方になっても問題ありません。ただし、「メタ」を示す紙だけは、その他の4枚の紙すべてが見渡せる場所に置いてください。

「チョイスワーク」の実践

1.「現在の自分」のポジションに立つ

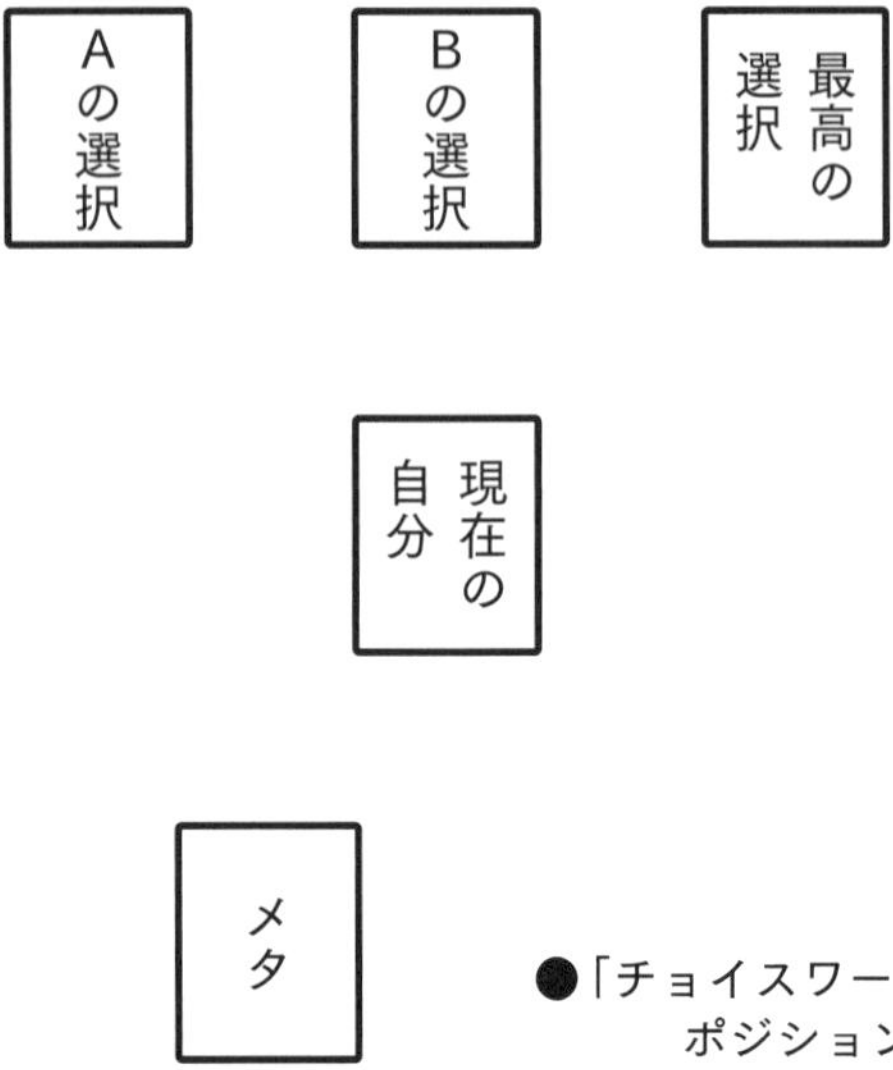

●「チョイスワーク」のポジション配置

まず、「現在の自分」のポジションに立ってください。ここは現在のあなたの状態、「今ここ」にいるあなたを表すポジションです。

まず、「現在の自分」のポジションに立ったあなたにはどんな感覚があるでしょうか。身体に感じる外気の温度はどうですか？　暑く感じますか、それとも寒く感じますか？　視界に入るものはどんな感じに見えていますか？　周りの音はどのように聞こえていますか？

五感をフルに使って、現在のあなた自身の状態をできるだけ詳細にとらえてみてください。

2.「メタ」ポジションに移動し、「現在の自分」のポジションを観察する

「現在の自分」のポジションから、「メタ」ポジションに移動します。ここは第3章の「メタポジションの活用」で説明したのと同じ意味のメタポジションで、「現在の自分」を含め、すべてのポジションを俯瞰的に見られるポジションです。

「メタ」ポジションから「現在の自分」のポジションを見てください。現在のあなたはどのように見えますか？　具体的に見えなくても「見えるとしたら、現在の自分はこんな感じだろうな」というイメージを観察してください。

3.「現在の自分」のポジションに戻って、「Aの選択」のポジションを見る

「メタ」ポジションから現在の自分を観察したら「現在の自分」のポジションに戻り、そこから「Aの選択」のポジションを見ます。「Aの選択」のポジションとは、あなたがAという選択をした場合のあなたを示すポジションです。

Aという選択をしたあなたはどんな様子ですか？　どんな表情をしているでしょうか。ここでも、実際に見えなくても「見えるとしたらおそらくこんな感じ」とイメージしてみ

ましょう。

4.「Aの選択」のポジションに入って感覚を味わう

「Aの選択」のポジションを十分に観察したら、そのまま「Aのポジション」に移動しましょう。「Aのポジション」に入ったあなたの体感はどうですか？　温かく感じるでしょうか、それとも涼しく感じるでしょうか。特定の温度を感じているのは全身ですか、それとも身体の一部でしょうか。

あるいは、あなたが感じている自分の身体の重さに変化はありますか？　全身もしくは部分的に重たい、もしくは軽いと感じているでしょうか。

あなたの視界はどうですか？　広くなっているでしょうか、明るくなっているでしょうか、それとも何か別の変化があるでしょうか。

どのような些細なことでも、自分の身体が感じているものに気づいてください。これで、あなたの潜在意識は、Aという選択をするとこんな感じになるんだなと認識するわけです。

5.ブレイクする

「Aの選択」のポジションで身体の感覚にじっくり注意を向けたら、その感覚をいったん

「ブレイク」します。どこでもいいので、紙を置いていない場所へ移動し、身体を揺すりながら腕を振ったり、軽くジャンプしたりしましょう。これは、「Aの選択」のポジションのエネルギーをあなたの身体から落としてフラットな状態にリセットするのが目的です。

6.「現在の自分」のポジションに戻って「Bの選択」のポジションを見る

「Aの選択」のエネルギーを自分の身体からリセットしたら、再び「現在の自分」のポジションに戻ります。そこから今度は「Bの選択」のポジションを見ましょう。同じように「Bの選択」のポジションを観察してください。Bという選択をした場合のあなたはどんな状態に見えますか？　ここでも同じく、「見えるとしたらこんな感じ」とイメージするのでも結構です。

7.「Bの選択」のポジションに入って感覚を味わう

「Bの選択」のポジションを十分観察したら、「Bの選択」のポジションに入ってください。Bという選択をしたあなたの身体の感覚はどうですか？　「Bの選択」のポジションに入る前とどこか違うところはありますか？　「Bの選択」のポジションに立っているあなたは、どんな気持ちになっているでしょうか。さわやかだったり、楽しかったり、ワクワクしていたり……どんなに些細なことでもいいので、「Bの選択」のポジションで受けている感覚に気づいていてください。

8．ブレイクする

「Bの選択」のポジションにおける体感を十分に味わってから、再びどのポジションでもない場所へ出て、身体を揺すったり、腕や足を振ったり、軽くジャンプしたりしてください。このようにして「Bのポジション」のエネルギーをあなたの身体から落として、再度リセットされた状態にします。

9．「現在の自分」のポジションに戻って、「最高の選択」のポジションを観察する

Bという選択をしたあなたの体感を十分に味わったら、再び「現在の自分」のポジションに戻ります。今度は「現在の自分」のポジションから「最高の選択」のポジションを見てください。そこにいるのは、最高の選択をしたあなたです。

最高の選択をしたあなたは、どんなふうに見えますか。笑っているでしょうか？　幸せそうですか？　どんな格好をしているのでしょう。ここでもやはり、実際に見えなくても「見えていたとしたら、最高の選択をした自分はこんな感じ」というのを創り出してみてく

ださい。

10．「最高の選択」のポジションに入って感覚を味わう

最高の選択をした自分を創り出したら、「最高の選択」のポジションへ移動します。「最高の選択」のポジションに立ち、その場所で受け取る感覚をじっくり味わってください。

最高の選択をしたあなたは、どんな気持ちでしょうか？　身体の感覚はどうですか？「最高の選択」のポジションに入る前と違うところはありますか？　最高の選択をした自分の感覚を存分に味わってください。

「Aの選択」とは、Aという選択をしたことが前提になっているポジションであり、同じく「Bの選択」はBという選択をしたことが前提になっているポジションです。「最高の選択」のポジションにいるあなたは最高の選択をした自分なので、その選択をした自分がどのように見えるのかを自分で「創る」のです。

11．「最高の選択」のポジションから順に、「Bの選択」を経て「Aの選択」のポジションに入り、これら3つのポジションを統合する

「最高の選択」のポジションの体感を味わったら、そのまま「Bの選択」のポジションへ

移動してください。ここで一呼吸おいてから、さらにそのまま「Aの選択」のポジションに入りましょう。こうすることで、「最高の選択」をしたあなたのエネルギーと、「Bの選択」、「Aの選択」それぞれのポジションのあなたのエネルギーを統合します。

12. 3つのポジションを統合したら、そのまま「現在の自分」のポジションに戻る

「最高の選択」、「Bの選択」、「Aの選択」の3つのポジションのエネルギーを統合したら、そのまま「現在の自分」のポジションへ戻ってください。ここではブレイクはしません。これで、すべてのエネルギーが統合された状態を「現在の自分」へ持ってきたことになるからです。ここで、最初に感じた「現在の自分」のポジションと今の「現在の自分」のポジションとの体感の違いに気づいてください。

13. 「メタ」ポジションに移動し、「現在の自分」のポジションを観察する

「現在の自分」のポジションに戻ってきたら、最後に「メタ」ポジションへ移動します。すべての選択のエネルギーを統合し、現在に戻ってきたあなたは、「メタ」ポジションからどのように見えますか？「チョイスワーク」の始めに「メタ」ポジションから見た「現在の自分」と、ワークを終えてすべてのエネルギーを統合した「現在の自分」の見え方に

違いはあるでしょうか。あるとしたらどのような点ですか？　今の「現在の自分」のポジションにいるあなたは、どんな表情をしているでしょうか。

ここでもじっくりと「現在の自分」の様子を観察し、ワークを行う前の「現在の自分」とワークを経てからの「現在の自分」の違いに気づいてください。こうしてワークの前後での感覚の違いに気づくことで、あなたのあり方が変わったことを認識してもらうのが、この手順の意図です。

14.「メタ」ポジションから「現在の自分」のポジションに戻る

神のように俯瞰的に観察できる「メタ」ポジションから「現在の自分」のポジションに戻ったところで、「チョイスワーク」は終了です。

これであなたが選択を悩んでいたことについて、最高の選択がやってきます。あとは、このワークをしたことや、これから起こるであろう展開に執着せず、すべてを委ねて過ごしてください。近い将来、あなたがどんな選択をしようとも、それがあなたにとっての「最高の選択」になるはずです。

「チョイスワーク」というSSEは、私たちが人生において大きな選択を迫られたときに

「より良い人生に進みたい、より良い自分になりたい」と思うエネルギーを活用していきます。自覚のある・なしにかかわらず、私たち人間はこの地球に生まれて、成長していきたい、いただいた命を輝かせたいはずだと私は思っています。

「Aの選択」、「Bの選択」というのは、もともとあなたがどちらを選んだらいいのか迷っていた選択肢です。「チョイスワーク」では、あなたがAとBそれぞれを選んだ場合どう感じるのかを潜在意識で確認するわけですが、「最高の選択」というのは自分で「最高の選択」というポジションを創り出します。

「最高の選択」のポジションにいるあなた自身がどのように見えるのかを観察するとき、そこにいるのは「最高の選択をした自分」なのですから、つらそうだったり悲しそうだったりはしないでしょう。きっと、「良かったな」とか「楽しいな」と感じられるような表情をしているはずです。それをあなたが観察しながら「創る」わけです。

最高の選択をしたあなた自身の姿を創り出して観察し、そのポジションに移動すれば、その空間に入ったあなたはいい気持ちになったり、何らかのポジティブな感情があふれたりしてくると思います。

「チョイスワーク」の過程で「Aの選択」と「Bの選択」のエネルギーを統合することには、実はとても重要な意味があります。あなたが「Aの選択」と「Bの選択」のどちらを取るか迷っている背景には、あなたが「より良い人生に進みたい、より良い自分になりたい」と思っているという事実があるわけです。そこで、より良い自分になるための選択肢について迷ったあなた自身を無視せず認めて受け入れ、丸ごと統合する必要があります。そうすることで、あなたはシフトするのです。ここでもしあなたが「Aの選択」と「Bの選択」どちらにするかを頭で考えて決めたり、占いなどに頼って決めたりすると、シフトはしにくいでしょう。「Aの選択」も「Bの選択」も認めて受け入れてあげることで、あなた自身がシフトし、最高の選択がやって来やすくなります。

このワークにかかるのは、ほんの数分です。けれど、このわずか数分間で、あなたのあり方がシフトしたことを体感してほしいと思っています。

「チョイスワークは基本的に二択ですが、選択肢がもっとある場合はどうしたらいいですか」と聞かれたことがあります。もちろん、選択肢が3つや5つなど、2つ以上の中から選ぶのを悩んでいることもあるでしょう。その場合は選択肢を無理に2つまで絞り込むのではなく、「Aの選択」、「Bの選択」、「Cの選択」……と、あなたが悩んでいる選択肢の数だけアルファベットのついた選択肢の紙を増やして実践してください。「最高の選択」ポジションに入る前に、あなたの悩みの数だけ「選択」の紙を増やすだけです。手順は「Aの選択」

や「Bの選択」で行った内容と同じで、それぞれのポジションを観察してからそのポジションに入り、自分の体感を確認します。

私が「チョイスワーク」を二択にしたのは、基本的に私たちが何かの決断を迫られているときに直面するのは、たいてい「どちらに進もうか」という二択の悩みではないかと考えたからです。質問があったように、悩んでいる選択肢が2つ以上あるケースも不思議ではないわけですから、この本で紹介している「チョイスワーク」は基本形ととらえていただき、あなたの選択肢が3つ以上ある場合には、あなた自身のケースに合わせて柔軟にポジションを設置してください。

「何も選ばないという選択肢はないのでしょうか」と質問されたこともあります。「チョイスワーク」は基本的に何かを選択するためのワークです。そして、「何も選択しない（何もしない）」という選択はないはずだと私は考えています。

私たちが迷うのは、より良い自分になりたい、より良い状況にしたいという動機が裏にあるからではありませんか？　AとBのどちらも選ばない、何も選ばないという選択は現状を変えないということであり、あなたの進化にも成長にもつながりません。

私がよく「迷ったときがチャンスだ」と言っているのは、迷っている状態の根底にはより良い人生を生きたいという動機が必ずあるからです。より良い人生を生きたいと思っていなければ、あなたが迷ったり悩んだりすることはないでしょう。ですから、「チョイスワーク」は、これを実践する人が前向きに動いていることを前提としています。

人は、誰でも成長したいと思っているはずだと私はとらえています。いただいた命を輝かせたい、だからこそより良い人生を歩みたいと思い、こっちに行ったらいいのか、あっちを選んだらいいのかと人は悩むのでしょう。そのため「チョイスワーク」では、私たち一人ひとりの悩みの背景にある「より良く成長したい」というエネルギーを使うわけです。

「チョイスワーク」を実践している過程で「Aの選択」の体感は良くない、「Bの選択」の感覚の方がいい、などと感じる人もいます。「チョイスワーク」を行った方が途中過程ですでに二択のどちらかを好ましいと感じたとしても、あえて「最高の選択」というポジションを体感してもらうのが、このテクニックの最大のポイントなのです。なぜなら、その人がそれまで想像もしていなかったような選択が今後現れてくる可能性もあるからです。

もちろん、あなたはAという選択をしてもいいし、Bという選択をしても問題ありません。けれど、「チョイスワーク」ではあえて「最高の選択」というポジションを作ってその空間の体感を得てから、あなたがそれまで考えていたAとBという選択を「最高の選択」に統合することで、すべての可能性を受け入れ、新しくてより良い選択にあなたが行きつくよう導くことをねらいとしています。

本編でも強調してお話ししたように、まずは私たちの「あり方」が先です。「最高の選択」をした自分を「あり方」としてあらかじめ作っておくことで、あなたはAを選択するかもしれないし、Bを選ぶかもしれないし、あるいは結果的に何も選択しないという状況が現れるかもしれません。「チョイスワーク」をしたあなたにとっての「最高の選択」は具体的にどんなものなのか、実際に現れるまではわからないのです。

これまで、私たちのほとんどが「行動と結果」の関係性のわなに陥ったまま生きてきました。「何も選ばないという選択もあるんですか」という質問は、行動をベースにした考え方にとらわれている例でしょう。

私はしつこいほど繰り返し「あり方が先」とお伝えしています。あり方が変われば行動が変わったり、自分が思ってもみなかったような行動をとったりすることが出てきます。行動に伴って結果が現れると思っている方が本当に多いのですが、「あり方」が先です。それは、この世界の仕組みとして「見えない世界」が土台にあるからです。

ですから、「チョイスワーク」はすでにあなたが「最高の選択をした」というあり方を先に作り、その後、目に見える結果としてあなたの行動が変わってきたり、思いもかけない結果が出るような展開になったりします。「チョイスワーク」をした後のあなたが選択するのがAであれBであれ、それ以外の何かであれ、何を選んでも「最高の選択」になるわけです。

なほひシリーズでもＳＳＥでもそうなのですが、私のエネルギーワークでは基本的にワーク後はすべて委ねてくださいとお伝えしています。ワークの後に何らかの期待を抱いたり、これから現れる結果に執着したりしてしまうと、なかなか結果は現れません。

ＳＳＥは、身体と空間と潜在意識がリンクしていることを活用したエネルギーワークです。実践すれば潜在意識が変容します。ですから「チョイスワーク」のコツは、ただ実践すること、その後は委ねることです。迷ったときほど頭で考えず、シンプルに「チョイスワーク」を試してみていただければ嬉しいです。

「本当のあなた」に出会う旅

私は「世界が止まる」のを体験したことがあります。

デビュー作『ディヴァインコード・アクティベーション』でそのエピソードについて触れているので、記憶にある方もいらっしゃるかもしれません。

ある日、私が公園のベンチに腰掛けてぼんやりしていたときに突然それは起こりました。たしかに世界はあるのですが、自分の意識はないような感じで、意識がはっきりしていないのに周囲はやけに鮮明です。

昼間だったので、私の周りには数人がいて、ハトがいたことも覚えています。けれど、その人たちは動いていたようでもあり、動いていなかったようでもあり、何がどうなっていたのか、はっきりわからない状態でした。それがどのくらい続いていたのかもわかりません。

あの体験はいったいどのようなものだったのか、思い出そうとすればするほど私の記憶は曖昧になるように感じられました。止まった世界というのが限りなく〈源〉に近づいた体験だったとすれば、やはり〈源〉は定義づけできるものではなく、具体的に思い出そうと追いかければ追いかけるほど逃げてしまうものなのでしょう。

この強烈な体験があったからこそ、思考では到達できない〈源〉を潜在意識に知ってもらう「8レベルシフトテクニック」の開発に至ったのではないかと私は思っています。

私たちはこの地球で肉体を持って生きていて、肉体があるからこそさまざまな体験をしています。そして、肉体は潜在意識とつながっているので、肉体を使って潜在意識にアプローチするエネルギーワークが可能です。私が開発したテクニックを使って嬉しい結果が出るとの報告をたくさんいただいているのは、どのテクニックも肉体を使うものだからでしょう。肉体を介して潜在意識にアプローチすると、潜在意識のかなり深いところにまで働きかけることができるため、良い結果が出る可能性が高いのです。

もちろん、私たちが生きていくうえで、肉体を持っていることで生じる制約も存在します。しかし、それを私たちのデメリットとして嘆くのではなく、肉体があるからこそ享受できる素晴らしいことにフォーカスしていきませんか？

人は長い間、「自分とは何者か」を探求し、深淵な領域について知りたいと求めてきました。それは頭で考えても、決して見つけることのできない答えではないでしょうか。私は、肉体という贈りものを介してアプローチすることで、私たちの潜在意識はその答えに触れることができるだろうと思っています。それは私たち一人ひとりで異なる、自分だけの答えです。

私は、誰もがより良い世界を望んでいると思っています。そして、誰もが意識のどこかで、この世界がもっと良い世界になるように努力していきたいと考えているとも思います。より良い世界を実現するためには、私たち一人ひとりがより良い人生を歩むことがとても大切になってきます。なぜなら、あなたが「本当のあなた」として幸せを生きて、あなたにとっての素晴らしい人生へとシフトしていくとき、あなたを通じて見えない量子場の世界に「素晴らしい世界」の種を植えることになるからです。

古代神聖幾何学のひとつに「フラワーオブライフ」と呼ばれる形があります。とても有名なのでご存じの方も多いでしょう。完全や調和を象徴する円という図形がいくつも重なり、さらにそれが大きな円で囲まれたフラワーオブライフは、生命の創造パターンを象徴しているとも、宇宙の森羅万象のシステムやサイクルを表しているともいわれる神秘的な図柄を描いています。その構成要素の一つひとつが「円」である点に注目すると、私たち一人ひとりのあり方が調和のとれた「〇」となり、それが互いに重なって影響し合う大きな調和の世界へと広がっていくことを象徴する図形だともイメージできませんか？

このフラワーオブライフのような調和の世界は、あなたが幸せを生きることで実現するでしょう。それは、あなたの創り出す場によって世界が影響を受けるからです。

あなたの世界の中心は、あなたです。すべてはあなたなのです。あなたがすべてである中で陰と陽の体験を重ねることがあなた自身の成長につながり、ひいては世界に貢献することになるでしょう。

私たちは限りある命の中で、この地球で生きています。そして、私たち一人ひとりがいただいたこの命は祝福だと、私は思っています。

「本当に祝福なんでしょうか?」と疑問視する方もいらっしゃるかもしれません。本当にそうなのかどうか、私にはわかりません。ただ、「そうなんだ」と決めて生きてみましょうよ、あなたが幸せな人生を生きることが地球への貢献になると決めて生きてみましょうよ、と私は心から提案したいと思います。「すべてはあなた」で、「きめればすべてうまくいく」のですから。

本書で何度も登場した禅には、こんな逸話があります。「悟る前と後では何が違うのか」について、ある和尚が「山は山であり、水は水である」と言ったというエピソードです。私は、この言葉が示しているのは、世界そのものが変わっていなくても、悟りを体験した和尚の世界に対する認識が変わったという意味なのだととらえています。つまり、事象そのものが変化するのではなく、それに対するとらえ方が変わるということではないかと。この境地に至ることは、私たちにも決して不可能ではないはずです。

人は眠ったまま生きているともいいます。「目覚めて生きる」ことは、すなわち自分の命を輝かせることです。本当のあなたに目覚めましょう。あなたが「本当のあなた」に目覚めて輝くとき、世界は輝くでしょう。

本書の出版を快諾してくださった株式会社ナチュラルスピリットの今井博揮社長、編集の山田可実さん、ライターの明日香さん、私のアカデミー生のみなさん、ワークショップやセミナーにご参加くださっている方々、そして私の著書を手に取ってくださっている読者のみなさんのおかげでこの本を世に出すことができました。心より感謝申し上げます。

本書でお伝えしたテクニックや、この世界の構造とその仕組みの中で私たちが直面し得るネガティビティを乗り越えていくコツが、あなたが「本当のあなた」に出会うための旅の一助を担うことができれば、このうえなく嬉しく思います。

私のこれまでの著書同様、この本にもエネルギーを封入しています。「素晴らしい本当の自分を生きることをサポートするエネルギー」です。本書でお伝えした数々のテクニックや人生のコツをお読みいただき、日々の生活で活かしていただく中で、このエネルギーはあなたをバックアップし、あなたがあなたらしい人生を歩むためのサポートをし続けてくれることでしょう。

すべてを受け入れ、そして選んでいきましょう。あなたが幸せを生きることを決めるとき、世界はあなたにとって、そして「幸せを生きる」と決めた誰にとっても素敵な場を現してくるでしょう。

生きとし生けるものが幸せで、世界が平和でありますように。

ありがとうございます。

光一

光 一 (Kouichi)

これまでに数多くのスピリチュアルワークを習得。10代のころから古今東西の占術、心理学、哲学、宗教、秘教、量子論など、探究心の赴くままに広く深く学び取った引き出しの多さは圧巻。その集大成として、一人ひとりが自らを整え潜在意識をデザインするためのセルフテクニックを多数開発する。それらのセルフテクニック「ワンライトメソッド®」は、多くの人々の人生を変容させるサポートとなっている。

ワークショップ、セミナー、個人セッション、経営者向けビジネスコンサルティングなどのほか、主宰する「エンライトアンバサダーアカデミー®」を通じ、人々の気づきを促す活動を精力的に展開中。

一方、ビジネスの世界においては、20代のころからトップセールスマンとして活躍し、何度かのリストラと転職を経て同業界の大手5社を渡り歩く。うち1社では入社後まもなく最年少役員に抜擢される。フリーランスの経営コンサルタントとしても実績を上げ、社会人としても影響力のある地位を築いた。

人生のモットーは、「いつでも笑いながら、明るく楽しく」。現実世界に生かせないスピリチュアルの教えは意味がないとして、両者をうまく融合しながら、幸せで豊かに生きる「スピリチュアル実用主義」を提案している。

東《ひがし》久《く》邇宮《にのみや》文化褒賞、東久邇宮記念賞、東久邇宮平和賞を受賞。

著書に『デヴァインコード・アクティベーション』『きめればすべてうまくいく』(ナチュラルスピリット)、『超越易経 nahohiharu』『エネルギー経営術』『パラレッタ！』(ヒカルランド)、『祝福人生創造ブック』(ビオ・マガジン) などがある。

光一公式 HP　https://www.nahohi.info

すべてはあなた

多層量子場を使って人生をシフトさせる！

●

2023年9月24日　初版発行

著者／光一

取材・文／明日香
装幀／福田和雄（FUKUDA DESIGN）
編集／山田可実
イラスト／COCOO
DTP／細谷 毅

発行者／今井博揮
発行所／株式会社 ナチュラルスピリット
〒101-0051 東京都千代田区神田神保町3-2 高橋ビル2階
TEL 03-6450-5938　FAX 03-6450-5978
info@naturalspirit.co.jp
https://www.naturalspirit.co.jp/

印刷所／中央精版印刷株式会社

ISBN978-4-86451-449-1 C0011

光一氏の既刊書

●新しい時代の意識をひらく、ナチュラルスピリットの本

きめれば すべてうまくいく

あなたにもできる 神性エネルギー活用法

光一 著

四六判・並製／本体価格 1400 円+税

すばらしい人生を生きるための セルフワークブック！

「個人的な思い込み」「周りからの刷り込み」による信念体系を書き換え、本来の自分の人生を生きる。『ディヴァインコード・アクティベーション』で紹介した「なほひふり」のアファメーションの 88 の例文を掲載。

ディヴァインコード・アクティベーション

〈なほひふり〉で 人生が好転する！

光一 著

四六判・並製／本体価格 1400 円+税

結果の出ないスピリチュアルは、 ただのファンタジーでしかない！

〈なほひふり〉でエネルギーを活性化し、〈なほひゆい〉で自分自身の神性とつながる。サラリーマンとして、サイキックとして、結果を出してきた光一氏ならではの知恵とテクニックが満載！

お近くの書店、インターネット書店、および小社でお求めになれます。

●新しい時代の意識をひらく、ナチュラルスピリットの本

エネルギー・コード

ドクター・スー・モーター 著
エリコ・ロウ 訳

スピリットを目覚めさせ、身体を癒し、最高の人生を生きる！ エネルギーを活性化する呼吸法や簡単で効果的な動作や瞑想、特別なヨガを紹介。

定価 本体二七〇〇円＋税

瞬間ヒーリングQEのすべて
キンズロー・システム実践ガイドブック

フランク・キンズロー 著
前田まりこ 訳

『瞬間ヒーリングの秘密』『ユーフィーリング！』『クォンタム・リヴィングの秘密』を1冊に凝縮した深化統合版！ QEの原理から応用までをわかりやすく解説。

定価 本体二三五〇円＋税

マトリックス・エナジェティクス
量子論的手法による変容のテクニック

リチャード・バートレット 著
小川昭子 訳

量子的次元とつながる次世代のエネルギー・ヒーリング法！「ツーポイント」「タイムトラベル」の手法で多くの人たちが、簡単に「変容」できています。

定価 本体一八〇〇円＋税

シータヒーリング

ヴァイアナ・スタイバル 著
シータヒーリング・ジャパン 監修
山形 聖 訳

自身のリンパ腺癌克服体験から、人生のあらゆる面をプラスに転じる画期的プログラムを開発。また、願望実現や未来リーディング法などの画期的な手法を多数紹介。

定価 本体二九八〇円＋税

体が伝える秘密の言葉
心身を最高の健やかさへと導く実践ガイド

イナ・シガール 著
ビズネア磯野敦子 監修
采尾英理 訳

体の各部位の病が伝えるメッセージとは？ 体のメッセージを読み解く実践的なヒーリング・ブック。色を使ったヒーリング法も掲載。

定価 本体二八七〇円＋税

エネルギー・メディスン

デイヴィッド・ファインスタイン
ドナ・イーデン 共著
日高播希人 訳

東洋の伝統療法と西洋のエネルギー・ヒーリングを統合した画期的療法。エネルギー・ボディのさまざまな領域を網羅！

定価 本体二九八〇円＋税

レゾナンス・エフェクト
画期的なFSM（特定周波数微弱電流）療法の世界

キャロリン・マクマキン 著
南見明里 訳
寺岡里紗 監修
幸島 究 医療監修

アメリカで注目されている「エネルギー療法」FSMの詳しいレポート！ 周波数の共鳴現象で心身のバランスを整える画期的療法の詳細が明らかに。

定価 本体二七〇〇円＋税